Liebe Leserin,

wissen Sie eigentlich, wovon Ihr Fortkommen im Beruf, Ihr Erfolg und Ihre Karriere am meisten abhängen? „Klar, von meinem Können", werden Sie vielleicht sagen, „oder von meinen guten Beziehungen." Falsch! Untersuchungen haben ergeben, dass Aufstiegschancen und Karriere hauptsächlich von drei entscheidenden Faktoren abhängen:

1. Von Ihrer Leistung. Diese beeinflusst Ihre Karriere zu 10 Prozent!
2. Von Ihrer Persönlichkeit. Diese beeinflusst Ihr Fortkommen zu 30 Prozent!
3. Von dem, wie Sie nach außen wirken und gesehen werden. Das beeinflusst Ihre Karriere zu 60 Prozent!

Nicole Brockmann Duarte

Fazit: Ihr beruflicher Erfolg wird zu 90 Prozent von Ihrem persönlichen Image bestimmt. Und dies beeinflusst vorwiegend, wie Ihre Leistungen von Ihrem Umfeld und den Entscheidungsträgern in Ihrem Unternehmen beurteilt werden. Ihre Fachkompetenz wird vorausgesetzt. Das Entscheidende ist, wie Sie sich selbst und Ihr Können nach außen darstellen.

Diese sogenannten Soft-Skills sind entscheidend, um sich gut zu präsentieren und Ihre Ziele zu erreichen: Ihre Kommunikation und Rhetorik, Ihre Durchsetzungsfähigkeit, Ihre Überzeugungsfähigkeiten, Ihre Verhandlungskünste und vieles mehr … Wie Sie diese Fähigkeiten ausbauen, lesen Sie auf den folgenden Seiten.

Viel Spaß bei der Lektüre und erfolgreiches Umsetzen im Sekretariatsalltag wünscht Ihnen

Ihre

Nicole Brockmann Duarte

Nicole Brockmann Duarte
Redaktionsteam **Sekada Daily**

D1718099

Inhalt

Erster Eindruck

Der erste Eindruck zählt – so sorgen Sie für Ihren perfekten Auftritt

Wissen Sie eigentlich, wie Sie auf andere Menschen im ersten Moment wirken? Wie lange bleibt ein schlechter erster Eindruck bei Ihrem Gegenüber haften? Und wie schnell haben Sie selbst jemanden in eine „Schublade" gesteckt, bevor das erste Wort gewechselt wurde. Der erste Eindruck bleibt lange haften – also sollten Sie von Anfang an daran arbeiten, um bei Ihrem Chef, bei Kollegen und Geschäftspartnern sympathisch und kompetent zu wirken – auch als Visitenkarte Ihres Unternehmens!

Misstrauen Sie den ersten 3 Sekunden

Beispiele:

> Simone hat gerade den Anruf vom Empfang entgegengenommen: Mit dem nächsten Aufzug steht ein möglicher neuer Geschäftspartner ihres Chefs auf ihrer Etage. Es geht um eine wichtige neue Kooperation, um die sich schon seit Tagen alles dreht. Die Aufzugtür geht auf, der Mann kommt ihr entgegen. Er blickt knapp an Simone vorbei, nur zögernd streckt er ihr seine Hand entgegen, die schlaff und feucht ist. Seine Schuhe, auf die er wie gebannt starrt, haben schon lange keinen Lappen mehr gesehen, an seinem Jackett fehlt ein Knopf. „Na prima", denkt sich Simone, „wenn das der neue Kooperationspartner sein soll, dann gute Nacht!"

Jeder Mensch schätzt einen anderen schon anhand des ersten Eindrucks ein, den er von diesem gewinnt. Dieser erste Eindruck bleibt hängen, entscheidet über die nächsten Gefühle, Worte, Aktionen. Sie können nicht anders, als diese ersten Eindrücke in ein Raster einzuordnen, das in Ihnen über all die Jahre durch Erfahrungen, Ansichten und

Denkweisen entstanden ist – die berühmten Schubladen. Und selbst wenn Sie das Schubladendenken vermeiden wollen, brennt sich der erste Eindruck von einem Menschen oft so tief ein, dass es lange dauert, bis die Person Sie von etwas anderem überzeugt.

Die Schubladen stecken in Ihrem Unterbewusstsein

Sie nehmen Ihr Gegenüber zu 4 Prozent bewusst wahr, doch 96 Prozent aller Sinneseindrücke landen in Ihrem Unterbewusstsein. Und dort werden sie gespeichert, so wie bereits viele Millionen Eindrücke und Erfahrungen vorher.

Hier sind die Muster, nach denen Sie „aus dem Bauch heraus" oder nach den Eindrücken in den ersten Sekunden einen Menschen einschätzen. Aber Sie können sich das bewusst machen, zum Beispiel, indem Sie denken:

- *Der ist bestimmt nicht immer so grummelig, der hat vielleicht einfach nur einen schlechten Tag.*
- *Nur weil die etwas seltsam gekleidet ist, muss die ja keinen schlechten Job machen.*

Damit haben Sie bereits eine kleine Chance, Ihrem Unterbewusstsein ein Schnippchen zu schlagen.

Denken Sie an die Wirkung der ersten 3 Sekunden! Beispiel:

Claudia lernt in einem Meeting einen neuen Mitarbeiter kennen. Sofort sieht sie, dass er gut gekleidet ist; er hält sich sehr gerade, blickt mit wachen Augen umher. Ihre vorherige Erwartung wird bestätigt: „Der ist ja selbstbewusst." Sie hört seine Stimme, als er sich vorstellt, und denkt: „Der passt auf den Posten!" Im weiteren Gespräch wird ihr daher nicht bewusst, dass er inhaltlich nichts zum Thema beiträgt, keine Fragen stellt. Als der neue Mitarbeiter bereits drei Wochen später nicht mehr im Unternehmen ist, muss sie ihr Bild von ihm völlig ändern ...

Das passiert, wenn Sie einem Menschen zum ersten Mal begegnen:

In der Zeitspanne	... wirken/wirkt vor allem ...	... wie zum Beispiel ...	... was zur Folge hat, dass ...
... der ersten Viertelsekunde ...	... die Äußerlichkeiten	Kleidung, Duft, Frisur, Körperhaltung, Mimik, Gesten	... Sie sich in Ihren Erwartungen bestätigt sehen oder nicht und daher eine bestimmte Sichtweise entwickeln.
... der nächsten 90 Sekunden ...	... weitere Informationen	Gesprächsbeginn (wie fällt die Begrüßung aus, wie persönlich sind die Worte ...?), Stimme, weitere Eindrücke wie beispielsweise die Art der Gesten, offensichtliche Eigenarten wie Augenzucken etc.	... Sie in Ihrer Sichtweise bestätigt werden und unbewusst ein Urteil fällen.
... nach den ersten 90 Sekunden ...	... der „Halo-Effekt" (das heißt, dass einzelne Eigenschaften einer Person den Gesamteindruck überstrahlen)	die einzelnen Merkmale, die sich in den ersten 90 Sekunden zeigten, die die weitere Wahrnehmung des gesamten Menschen überstrahlen	... dieser Effekt Widersprüche zum vorher gefällten Urteil verhindert und Ihr persönliches Bild von dem Menschen verzerrt wird.

Betrachten Sie Menschen, beurteilen Sie sie nicht!

So stark der erste Eindruck eines Menschen auf Sie auch ist, er muss noch lange nicht der Wahrheit entsprechen. Hand aufs Herz: Auch Sie beurteilen Menschen schnell mal nach dem ersten Eindruck, um dann zu erkennen: „Da habe ich mich damals wohl getäuscht ...“

Beispiel:

> Martina und Elke lernen die neue Kollegin kennen. Sie ist klassisch korrekt gekleidet, dezent geschminkt, ihre Frisur ist ebenfalls klassisch und gepflegt. Sie lächelt freundlich und zurückhaltend und spricht mit beinahe leiser Stimme. Martina denkt sofort: „Die kommt ja seriös rüber, die hat sicherlich schon ewig Erfahrung im Sekretariat!“ Und Elke denkt: „Ist die langweilig. Das ist bestimmt so eine total Pedantische ...“

Schnell haben Sie ein Urteil gefällt – das kann natürlich je nach Betrachtungsweise ganz unterschiedlich ausfallen. Doch wenn Sie jemanden kennen lernen, lassen Sie sich von Ihrem ersten Eindruck nicht in die Irre führen:

- Gehen Sie vorurteilsfrei auf die Person zu.
- Machen Sie sich langfristig ein eigenes Bild, bei dem der erste Eindruck nur eine kleine Rolle spielen sollte.
- Kommen Sie schnell ins Gespräch – das ist die beste Methode, um zu erkennen, wen Sie wirklich vor sich haben.
- Machen Sie es sich bewusst, wenn Sie versuchen, die andere Person einzuordnen. Überlegen Sie sich, was Sie dazu veranlassen könnte, irgendwelche Vorurteile zu hegen, und wie Sie es verhindern können.

Der Sekada⁑-Tipp: Je vorurteilsfreier Sie auf Ihr Gegenüber zugehen, umso offener und positiver wirken Sie selbst auf die Person. Damit haben Sie in Sachen erster Eindruck gleich selbst gepunktet! Es ist gut, wenn Sie wissen, was in den ersten Sekunden einer Begegnung passiert. Denn dann können Sie einschätzen, was dem anderen bei Ihrem Auftreten in diesem Moment durch den Kopf gehen könnte.

Betrachten Sie sich selbst mal mit den Augen eines anderen

Wissen Sie, wie Sie auf andere wirken? Um das zu erfahren, sollten Sie einfach nachfragen. Sprechen Sie bei passender Gelegenheit mit Kolleginnen und Kollegen oder Freunden darüber:

- Wie wirke ich auf dich/Sie? Dabei besonders wichtig: Wie sieht meine Körperhaltung aus? Halte ich Augenkontakt?
- Was gefällt Ihnen/dir besonders?
- Passt mein Äußeres zu dem, was mich als Menschen ausmacht?
- Wo wirke ich widersprüchlich?
- Welche Stärken erkennt man, welche weniger?
- Woran sollte ich in meiner Wirkung arbeiten?
- Welcher erste Eindruck, den ich erweckt habe, hat sich als falsch/richtig erwiesen? Was waren deine/Ihre ersten Gedanken über mich?

Sie erhalten auf diese Weise nach und nach ein relativ realistisches Bild von Ihrer Außenwirkung. Damit können Sie einschätzen, wie Sie auf Menschen wirken könnten, die Sie noch nicht kennen. Und Sie erkennen, was Sie ändern könnten, um Ihre Wirkung noch zu verbessern.

Sind Sie wirklich authentisch?

Die nächste Frage, die Sie sich stellen sollten, lautet: „Wie möchte ich auf andere Menschen wirken?"

- Sind Sie eher schüchtern oder haben Sie schon mal einen flotten Spruch auf den Lippen?
- Gehen Sie schwungvoll oder eher zögernd auf fremde Menschen zu?

Weder das eine noch das andere ist falsch. Wichtig ist nur: Wirken Sie bei dem, was Sie tun und wie Sie es tun, authentisch? Das Unterbewusstsein eines jeden Menschen hat ein sehr ursprüngliches Gefühl dafür, ob jemand „echt" ist oder uns nur etwas vormacht. Letzteres ist für den ersten Eindruck nahezu tödlich.

Darum ist eine Regel ganz besonders wichtig für Sie: Spielen Sie keine Rollen – seien Sie Sie selbst!

Beispiel:

Susanne hat ihren ersten Tag in ihrer neuen Anstellung als Chefsekretärin. Sie hat schon viele Jahre als Sekretärin gearbeitet, doch das Wort „Chef" vor ihrer neuen Berufsbezeichnung macht ihr Kopfzerbrechen. Sie zieht sich plötzlich anders an, nimmt eine steifere Haltung ein, lacht nicht mehr so viel. Eines Tages sagt ihr Chef zu ihr: „Schade, Frau Blumenkamp, früher waren Sie ganz anders. Bekommt Ihnen der neue Job nicht …?"

Verstellen gilt nicht! Je mehr Sie eine Rolle spielen, umso unglaubwürdiger wirken Sie auf Ihr Gegenüber. Und das wiederum wirkt sich negativ auf den ersten Eindruck aus. Außerdem halten Sie eine Rolle selten lange durch. Und wenn Sie dann aus Ihrer Rolle herausfallen, ist selbst der beste erste Eindruck hinüber.

Der Sekada♣-Tipp: Bedenken Sie auch, welche Vorteile es überhaupt mit sich bringt, eine Rolle zu spielen. Glauben Sie, dass man von Ihnen erwartet, anders zu sein?

- Wenn Sie sich täuschen, dann liegen Sie mit Ihrer Rolle daneben – dabei hätten Sie vielleicht mit Ihrer natürlichen Art gut gepasst.
- Und wenn Sie mit Ihrer Annahme Recht haben? Dann nehmen andere Sie entweder trotzdem so, wie Sie sind, oder Sie sind vielleicht einfach nicht am richtigen Ort.

Auf einer Position, wo man sich ständig verstellen muss, werden Sie nicht glücklich, egal, wie gut Sie Ihre Rolle spielen! Natürlich wird Ihnen vonseiten Ihres Unternehmens vieles vorgegeben – dazu gehören nicht selten bestimmte Verhaltensweisen oder die Wahl der Kleidung. Doch jeder Rahmen gibt dem sich darin befindenden Menschen noch genügend Raum zur Entfaltung der eigenen Persönlichkeit!

Erlauben Sie sich Individualität!

Haben Sie Mut und trauen Sie sich Individualität zu: Sie dürfen auch als Typ wahrgenommen werden. Vielleicht haben Sie ja eine besondere Vorliebe für eine bestimmte Farbe? Oder Sie mögen vielleicht einen großen Ring tragen? Wenn ja, haben Sie auch mal den Mut für Außergewöhnliches – denn so lange es Ihnen entspricht, wirkt es authentisch und überzeugend.

Der Sekada♣-Tipp: Mit ein paar individuellen Details wird es schwierig für Ihr Gegenüber, Sie in eine Schublade zu stecken. Sie machen neugierig und geben dem anderen die Chance, sich später noch an Sie zu erinnern.

Seien Sie mit allen Sinnen im Hier und Jetzt!

Verlassen Sie sich selbstbewusst auf Ihre Ausstrahlung. Das geht am besten,

- wenn Sie sich voll und ganz auf Ihr Gegenüber einstellen und
- wenn Sie dabei mit sich selbst im Reinen sind, es sich quasi erlauben, so zu sein, wie Sie sind.

Es ist ganz einfach: Je mehr Sie sich auf Ihr Gegenüber einstellen, umso weniger werden Sie Energie darauf verschwenden, selbst eine Rolle zu spielen. Im Umkehrschluss heißt das: Sie wirken dann authentisch und professionell, wenn Sie über sich selbst am wenigsten nachdenken.

Aussehen und Aussagen: Was an Ihrer Wirkung am wichtigsten ist

Wie auf Seite 1 dargestellt, sind die Äußerlichkeiten für Ihr Gegenüber von entscheidender Bedeutung für die Entwicklung des ersten Eindrucks, dann folgen sofort Ihre Stimme und Ihr Verhalten. An allen Punkten können Sie arbeiten, wenn Sie das möchten.

Kleiden Sie sich, aber verkleiden Sie sich nicht

Kleider machen Leute – doch Verkleidung ist Theaterspielen. Und mit jeder gespielten Rolle verlieren Sie an Glaubwürdigkeit und positiver Wirkung bei Ihrem Gegenüber.

Der Tipp ...	... und die Beispiele
Die Kleidung sollte grundsätzlich der Geschäftsphilosophie entsprechen, muss deswegen aber nicht gleich wie eine Uniform wirken.	Lautet die Firmenvorgabe, dass grundsätzlich Anzug getragen wird, müssen Sie nicht in Dunkelgrau oder -blau erscheinen. Auch ein Kostüm oder Hosenanzug in hellen Farben passt da noch gut ins Firmenbild. Lassen Sie sich in einer Farbberatung zeigen, welche Farben Ihnen besonders gut stehen!
Achten Sie darauf, dass Ihre Kleidung nicht von Ihnen als Mensch ablenkt.	Große Ohrringe, zu enge Kleidung oder auch extrem hohe Schuhe lenken von Ihnen ab - besonders bei einem männlichen Gegenüber. Man soll sich auf Ihre Kompetenz und nicht auf Ihre Konfektionsgröße konzentrieren können.

Wählen Sie Kleidung, die Sie in Ihrer Art unterstützt – also ziehen Sie sich keine Rolle an, die Ihnen fremd ist, sondern finden Sie einen angemessenen Stil, der Ihren Charakter unterstreicht.	Noch nie ein Kostüm getragen? In Stöckelschuhen wie ein kleines Trampeltier unterwegs? Dann lassen Sie die Finger davon! Sie mögen keine sportlich-elegante Kleidung, weil Sie mehr auf edle Kostüme stehen? Bleiben Sie dann auch dabei – alles andere wäre Verkleidung.
Erlauben Sie sich individuelle Details, mit denen Ihr Gegenüber Sie später gut verbinden kann.	Ein bestimmtes Halstuch, ein besonderer Ring, Freude an kräftigen Farben, ein leichter Stilmix – was Sie an sich selbst lieben, werden auch andere an Ihnen schätzen und wiedererkennen.

Der erste Eindruck entsteht natürlich nicht allein durch die Kleidung, aber gerade im Sekretariat wird besonders diesem Bereich viel Aufmerksamkeit geschenkt. Ihr Gegenüber hat angesichts Ihrer Funktion schon feste Vorstellungen.

Überlegen Sie sich:	Wenn in Ihrer Firma zum Beispiel Sekretärinnen Kostüm zu tragen haben …
Wollen Sie andere in ihren Vorstellungen bestärken?	können Sie im dunkelgrauen, knielangen Kostüm erscheinen – so sind Sie selbst wie auch Ihre Kollegen vor Überraschungen gefeit.
Oder wollen Sie mit einer individuellen Art einen Kontrapunkt setzen?	… tragen Sie auch mal einen kurzen Rock oder kommen Sie erst recht im Hosenanzug. Warten Sie es ab: „Beschwert" sich dann wirklich jemand …?

Beides ist „erlaubt" – Sie müssen nur entscheiden, was Ihnen mehr liegt und womit Sie sich wohler fühlen.

Die Art Ihrer Bewegungen, Ihr Gesichtsausdruck, die Betonung Ihrer ersten Worte hinterlassen darüber hinaus bei Ihrem Gegenüber einen ebenso starken Eindruck.

Ihre Stimme verrät Ihre Gefühlslage!

Ihre Stimme hat einen emotionalen Effekt auf Ihr Gegenüber. Darin schwingt Ihre emotionale Grundstimmung mit.

Stellen Sie sich vor, Sie seien ...	Dann klingt Ihre Stimme wahrscheinlich ...
traurig	belegt oder dünn
wütend	hart oder gepresst
albern oder nervös	höher als sonst
gestresst	gepresst oder hektisch

Schauen Sie also vor einer Begegnung genau in sich hinein, in welcher Grundstimmung Sie gerade sind.

Haben Sie zum Beispiel kurz vorher ...	
... Ärger gehabt?	Atmen Sie tief durch und versuchen Sie, sich positiv auf die Begegnung einzustellen. Oder – sollte der Ärger sehr groß sein – sprechen Sie es offen an: „Tut mir leid, ich hatte gerade eine unangenehme Situation, aber jetzt freue ich mich, dass Sie da sind!"
... große Hektik und Stress gehabt?	Versuchen Sie, den vorangegangenen Stress abzuschütteln und sich neu auf die nächste Situation einzustellen. Oder entschuldigen Sie sich kurz: „Tut mir leid, hier war es gerade etwas hektisch, aber jetzt geht es nur um uns: Was kann ich jetzt für Sie tun?"

Was immer Ihre Gefühlslage gerade ausmacht, Ihr Gegenüber wird es spüren. Da ist es hilfreich, wenn Sie ganz ehrlich darauf zu sprechen kommen.

Doch Vorsicht: Überladen Sie Ihr Gegenüber nicht mit Ihren Befindlichkeiten! Nach einer kurzen Erklärung sollten Sie dem anderen dann die volle Aufmerksamkeit schenken! Erzählen Sie auch nie, über wen und worüber Sie sich geärgert hatten. Das kann schnell ein Eigenleben entwickeln!

Ihr Händedruck ist ein Spiegelbild Ihrer selbst!

Schon über den Händedruck ordnen Sie einen Menschen schnell – manchmal vorschnell – ein:

Ist der Händedruck Ihres Gegenübers ...	... dann glauben Sie vielleicht, hier mangle es an ...
schlaff?	Kompetenz Durchsetzungsvermögen Schaffenskraft
feucht?	Mut Sicherheit Glaubwürdigkeit
zu fest?	Einfühlungsvermögen Rücksicht Sensibilität
zu lang?	Taktgefühl Anstand

Gehen Sie daher bewusst mit Ihrem Händedruck um:

- Geben Sie Ihrem Gegenüber einen festen Händedruck, schauen Sie der Person dabei in die Augen – und nicht schon zur nächsten Person, die Sie noch begrüßen wollen! Der optimale Abstand zu Ihrem Gegenüber ist dann eine Armlänge. Näher dran wirkt aufdringlich, weiter entfernt wirkt unsicher oder uninteressiert.

- Wenn Ihr Gegenüber einen schlaffen Händedruck hat, drücken Sie nicht zu fest zu – denn das kann schmerzhaft enden.

- Hält der andere Ihre Hand länger fest, als es nach Ihrem Gefühl sein müsste, halten Sie stand. Entziehen Sie ihm nicht Ihre Hand; allenfalls können Sie den Druck zwischendurch mal kurz ein wenig lockern, um zu spüren, ob der andere dann auch loslässt. Wird es Ihnen wirklich zu lang, beherzt die Hand entziehen und vielleicht in eine Geste überleiten!

- Hat Ihr Gegenüber feuchte Hände, wischen Sie sich nach dem Händedruck nicht die Hand ab, denn das wirkt sehr unhöflich.

Sprechen Sie eindrucksvolle persönliche Worte

Wahrscheinlich fallen Ihnen oft die üblichen Floskeln zur Begrüßung ein:

- *„Schön, Sie kennen zu lernen!"*
- *„Haben Sie gut hierher gefunden?"*

Um Ihren ersten Eindruck bei Ihrem Gesprächspartner wirkungsvoller zu gestalten, sollten Sie sich ruhig ein paar Gedanken im Vorfeld machen, zum **Beispiel:**

- Auf welche ungewöhnlichen/allgemeinen/nur Ihnen bekannten Ereignisse könnten Sie Bezug nehmen?
- Wen könnten Sie mit einbeziehen in Ihre Begrüßung? Dann klingt Ihre Begrüßung vielleicht so:
- *„Guten Morgen, Herr Schmidt! Ich bin Claudia Pelzer. Wir hatten gestern miteinander telefoniert. Geht es Ihrem Arm heute besser?"*
- *„Ich grüße Sie, Herr Paulsen! Claudia Pelzer, die Assistentin von Herrn Klausen. Mein Chef hat mir schon ganz spannende Sachen von Ihnen erzählt. Wie schön, Sie jetzt mal persönlich kennen zu lernen!"*

Wie Sie den Bogen richtig vom ersten Blickkontakt bis zur richtigen Ansprache spannen

Manchmal fällt es Ihnen vielleicht schwer, den ersten Eindruck bei Ihrem Gegenüber positiv zu beeinflussen.

Seien Sie ehrlich:

Können Sie ...	... wenn ...
... über Ihren Schatten springen ...	... Sie Ihr Gegenüber schon im ersten Moment unsympathisch finden? ... Sie vorab viele negative Informationen über Ihr Gegenüber gehört haben?
... freundlich lächeln ...	... Ihr Gegenüber mit steinharter Miene dasteht? ... Ihr Gegenüber offensichtlich versucht hat, Sie zu übersehen?
... ein paar freundliche Worte sagen ...	Ihr Gegenüber Sie gerade mit vermeintlich böser Miene fixiert hat?

Sicherlich fällt es Ihnen nicht in jeder Situation leicht, dem anderen entspannt und offen gegenüberzutreten. Doch wenn Sie sich das bewusst machen, sind Sie bereits einen großen Schritt weiter in Sachen „guter erster Eindruck".

Ihrer Körpersprache, Ihrer Stimmlage, Ihrem ganzen Auftreten hilft es, wenn Sie Ihre Gefühle und Gedanken kennen, die Sie in Bezug auf Ihr Gegenüber haben. Denn nur dann haben Sie die Chance, sich darüber hinwegzusetzen und vorurteilsfrei zu handeln.

Beachten Sie die 3 Regeln für den ersten Kontakt

Grundsätzlich sollten Sie bei jedem neuen Gegenüber drei Dinge beachten:

1. **Halten Sie losen Blickkontakt.** Starren Sie Ihr Gegenüber also nicht an. Bewahren Sie dabei eine offene Haltung, verschränken Sie nicht die Arme. Halten Sie mindestens eine Armlänge Abstand vom anderen.

2. **Lächeln Sie natürlich und angemessen.** Ein breites Grinsen oder übertriebene Freundlichkeit wirkt affektiert.

3. **Stellen Sie öffnende Fragen,** die der anderen Person Raum geben, einen Eindruck bei Ihnen zu hinterlassen. Fragen Sie Ihr Gegenüber aber nicht aus und geben Sie auch im Gegenzug Informationen über sich selbst Raum.

Öffnende Fragen können sein:

- *„Was hat Ihnen denn hier heute am besten gefallen?"*
- *„Womit kann ich Ihnen jetzt genau helfen?"*
- *„Wie schätzen Sie denn die Lage ein?"*

Beachten Sie diese einfachen Tricks für Ihre souveräne Wirkung

Bevor Sie jemandem zum ersten Mal gegenüberstehen, überlegen Sie sich genau:

- Welche Erwartungen habe ich an die Person?
- Wie vermeide ich, dass diese Erwartungen meinen Eindruck beeinflussen, weil ich zu negativ oder zu euphorisch auf die Person zugehe?
- Beeinflussen mich negative Meinungen anderer bei meinem ersten Eindruck von meinem Gegenüber?

- Mit welcher Begrüßung möchte ich gern starten?
- Wie schnell und wie genau möchte ich die Person kennen lernen?

Ganz wichtig im Zusammenhang mit Ihrer Arbeit sind die folgenden Fragen, die Sie sich im Vorfeld einer Begegnung stellen sollten:

- Wer begrüßt wen?
- Wer stellt wen vor?
- Sollen Sie sitzen oder stehen?
- Wer geht vor?
- Wer weist den Platz zu?

Vermeiden Sie es, routiniert zu wirken!

Beispiel:

Britta begrüßt zahlreiche unbekannte Gäste auf dem Empfang ihrer Firma. Zum x-ten Mal zwingt sie sich zu einem Lächeln und presst ein gestelztes „Schön, dass Sie hier sind" hervor. Plötzlich steht ihr Chef neben ihr und sagt zum nächsten Gast: „Meine Assistentin macht das wohl ein wenig zu oft!" Britta versinkt vor Scham fast im Boden. „Erwischt", denkt sie.

Achten Sie darauf, dass Sie nicht zu routiniert wirken! Bei jeder neuen Begegnung, bei jeder Begrüßung sollten Sie sich klarmachen:

- Das Spiel beginnt wieder ganz von vorne. Und:
- Ich habe keine zweite Chance!

Jedes neue Gespräch fängt wieder bei null an!

Auch wenn Sie zum Beispiel bei einem Empfang oder auf einer Messe zum ungezählten Mal den gleichen Satz sagen oder immer wieder neu den Versuch starten, ins Gespräch zu kommen: Für Ihr neues Gegenüber ist diese Begegnung mit Ihnen die erste!

Lösen Sie sich innerlich von einem routinierten Verhalten, bleiben Sie entspannt und neugierig – Ihr nächster Gesprächspartner wird es Ihnen danken. Und das Beste daran ist: Damit bekommt jeder neue Gesprächspartner das Gefühl, willkommen zu sein. Und auch für Sie selbst ist es weniger langweilig und wiederholend, wenn Sie sich auf jeden neuen Gast neu einstellen. Die Mühe lohnt sich also, weil es auch für Sie spannend bleibt.

Die Checkliste für Ihren nächsten ersten Auftritt

Vor der Begegnung	· Stimmt das gesamte Ambiente? · Wirkt der Raum angemessen/professionell/einladend? · Fühlen Sie sich wohl in Ihrer Kleidung? · Wie ist Ihre Stimmungslage? · Welche Erwartungen könnten Ihren eigenen ersten Eindruck beeinflussen? · Mit welchen Worten möchten Sie die Person begrüßen? Fällt Ihnen etwas Originelles oder Ungewöhnliches ein? · Wie möchten Sie wirken? Was genau können Sie dafür tun?
Der Augenblick der Begrüßung	· Spielen Sie keine Rolle, bleiben Sie ganz Sie selbst! · Lassen Sie sich vorurteilsfrei auf Ihr Gegenüber ein. · Lassen Sie sich von Ihrem ersten Eindruck nicht irritieren. · Schenken Sie Ihrem Gegenüber - ein freundliches Lächeln, - einen festen Händedruck, - einen offenen Blick in die Augen, - ein paar ausgesuchte Worte oder eine öffnende Frage.
Und dann …	· Geben Sie Ihrem Gegenüber Zeit, sich auf Sie einzulassen. · Lassen Sie den anderen ausreden. · Warten Sie geduldig, auch wenn Ihr Gegenüber länger für eine Antwort braucht.
Und schließlich …	Bedenken Sie, dass nicht nur der erste Eindruck zählt. Auch die letzten Worte und Gesten bleiben länger im Gedächtnis. Die Regeln dafür sind die gleichen wie für den ersten Eindruck.

Selbst-PR

5 Tricks für erfolgreiche Selbst-PR im Sekretariat: Wie Sie sich und Ihre Arbeitsleistung gewinnbringend darstellen

Ihr Chef nimmt Ihre Leistungen nicht ausreichend wahr? Andere verkaufen sich immer besser als Sie selbst? Sie wollen sich besser positionieren gegenüber Kolleginnen mit starker Ausstrahlung? Mit den fünf Tricks der Selbst-PR lernen Sie, warum und wie Sie selbstbewusst auf Ihre geleistete Arbeit aufmerksam machen und sich dabei ins richtige Licht setzen.

Bescheidenheit ist keine Zier: Warum Sie sich mit Ihrer Arbeit bemerkbar machen sollten

Dornröschen schlief 100 Jahre hinter Rosenhecken, bis sie ein Prinz endlich wach küsste. Und auch Pretty Woman alias Julia Roberts wartete, bis ihr Traummann alias Richard Gere mit seiner Limousine vorfuhr und sie endgültig aus ihrem Schattendasein befreite.

Diese Bilder sitzen möglicherweise auch tief in Ihrem Unterbewusstsein. Dazu passen Erziehungsmuster und -sätze wie
- „Das macht man nicht als Mädchen",
- „Eigenlob stinkt" oder
- „Bescheidenheit ist eine Zier".

Das sind alles alte Programme, die bis heute unbewusst wirken und sich auch auf Ihr Selbst-PR-Verhalten im Sekretariat auswirken. Das Ergebnis dieser unbewussten Muster und Bilder ist falsche Bescheidenheit. Und die Folge falscher Bescheidenheit ist im schlimmsten Fall, dass Sie maximal als graue Maus wahrgenommen werden. Wenn überhaupt! Ihre Leistungen werden nicht wahrgenommen und gewürdigt.

Wie bescheiden sind Sie?

Stellen Sie sich vor, Ihr Chef sagt zu Ihnen: *„Mensch, den Herrn Stiegler haben Sie ja richtig um den Finger gewickelt mit Ihrer Art – der war nachher richtig locker im Gespräch!"*

Wie reagieren Sie in einer solchen Situation?
* Werden Sie rot und wissen nichts zu sagen?
* Sagen Sie vielleicht: *„Och, das war doch nichts"* oder *„Na ja, der war ja auch sehr nett"?*
* Oder winken Sie einfach nur ab?

Sollten Sie zu einer dieser Antworten tendieren, zählen Sie sicher zu den eher bescheidenen Menschen. In Sachen Selbst-PR hilft Ihnen das wenig, da werden Sie über Ihren Schatten springen müssen. Sonst wird Ihr Chef sich vielleicht überlegen, ob Ihre Leistung wirklich so toll war.

Besser wäre es, Sie lächeln und sagen:
* *„Gern geschehen!"*
* oder *„Ja, das ist eine meiner Stärken. Es freut mich, dass sich das Gespräch dadurch für Sie so gut entwickelt hat."*
* oder einfach nur *„Danke!"*

Machen Sie sich Ihre Erfolgsfaktoren bewusst

Die Menschen, die Erfolg haben, haben sich von all den oben genannten unbewussten Bildern und falscher Bescheidenheit nicht irritieren lassen. Wer beruflichen Erfolg hat, hat dafür die drei wesentlichen Bausteine genutzt:

* Kompetenz
* Selbst-PR
* Kontakte

Das wirkt auf den ersten Blick logisch. Doch Vorsicht: Denken Sie daran, dass Ihre Kompetenz nur einen zehnprozentigen Anteil an Ihrem Erfolg hat, wie anfangs erwähnt.

Beobachten Sie mal die Kolleginnen und Kollegen im Unternehmen, die die Karriereleiter hinaufsteigen: Diese Menschen haben

- gute Kontakte innerhalb und außerhalb des Unternehmens aufgebaut und
- wissen sich gut zu verkaufen und ihre Leistungen darzustellen.

Dass sich darunter vielleicht auch der eine oder andere Schaumschläger befindet, spricht nicht gegen Selbst-PR, sondern allenfalls gegen die Persönlichkeit dieser jeweiligen Person.

Der Sekada♣-Tipp: Es geht nicht nur darum, was Sie *können*. Es geht darum, was andere darüber *wissen*.

Schauen Sie hin, wie es andere machen

Der Bundesverband Deutscher Unternehmensberater hat in einer Umfrage herausgefunden, dass 28 Prozent der befragten Berater „falsche Bescheidenheit" für einen der Top-10-Karrierekiller halten. Auch für Sie im Sekretariat heißt das, dass Sie mit Ihren Leistungen lieber nicht zu bescheiden umgehen sollten. Denn sonst werden Sie von denen überholt, die besser auf sich aufmerksam machen.

Kennen Sie Kolleginnen oder auch Kollegen, bei denen Ihnen selbst Sätze einfallen wie:

- „So dreist wäre ich ja nie."
- „Der redet ja immer nur von sich selbst."

Diese Menschen scheinen ihre Selbst-PR recht plakativ zu betreiben. Das mag Ihnen unangenehm auffallen, aber seien Sie ehrlich zu sich selbst:

- Wie erfolgreich sind diese Menschen damit?
- Werden sie in den Kollegengesprächen öfter erwähnt als andere?
- Fallen ihre Leistungen mehr auf – auch wenn sie vielleicht gar nicht so erwähnenswert waren?

Selbst-PR heißt, dass Sie sich selbst als Marke im unternehmerischen Geschehen sehen. Und wie für jede andere Marke oder jedes Produkt auch bedarf es Werbung, damit andere überhaupt davon erfahren. Wie Sie von anderen wahrgenommen werden, liegt allein in Ihrer Hand, denn auch die besten Leistungen verschwinden regelrecht, wenn sie keiner mitbekommt.

Lassen Sie andere Ihre Leistungen sehen

Beispiel:

Sabine hat heute Abend ein paar Stunden drangehängt, damit die Präsentationsunterlagen für ihren Chef wirklich komplett und sauber zusammengelegt sind. Denn sie weiß, dass es bei dem Termin morgen um sehr wichtige Entscheidungen geht, da will sie dafür sorgen, dass alles perfekt ist. Da kommt Ihr Chef vorbei: „Na, Überstunden? Schaffen Sie Ihre Arbeit mal wieder nicht?"

Solche Situationen sind ideal, damit Sie Ihre Selbst-PR vorantreiben können. Statt jetzt trotzig oder gereizt zu reagieren, können Sie Ihre „Werbeminute" einblenden:

„Morgen geht es doch um den großen neuen Auftrag, Chef. Mir ist wichtig, dass das reibungslos verläuft, ich schaue noch mal alles durch, damit das mit dem Auftrag klappt."

In einer solchen Aussage liefern Sie Ihrem Chef gleich mehrere Aspekte:
* Sie erklären nicht nur, was Sie tun, sondern auch, warum Sie es tun

Sagen Sie Ihrem Chef, was Sie tun

Wenn Sie still Ihre Arbeit verrichten, wird Ihr Chef das weniger bemerken, als wenn Sie mit wenigen Worten Ihre Arbeit erwähnen:

Wenn Sie zum Beispiel ...	Dann können Sie Ihrem Chef sagen
... Überstunden machen	„Ich habe gestern Abend noch bis 19 Uhr die Unterlage X fertig gemacht, damit wir heute in Ruhe die Aufgabe Y angehen können."
... den Konferenzraum vorbereitet haben	„Ihr Kunde, der Herr Schmidt, trinkt ja gerne grünen Tee. Ich habe extra welchen gemacht und in der blauen Kanne bereitgestellt."
... die Ablage neu organisiert haben	„Mir sind einige unnötige Arbeitsgänge bei der Ablage aufgefallen. Ich habe das jetzt anders gelöst; damit finden Sie die Unterlagen schneller."

Trick 1: Tun Sie etwas für Ihr Selbstbewusstsein

Das klassische Problem bei der Selbstvermarktung fängt in Ihrem Kopf an. Denn nicht nur andere sehen Ihre Leistungen gerne als selbstverständlich an. Auch Sie selbst tendieren möglicherweise dazu, die Besonderheit Ihrer Leistungen zu übersehen.

Vielleicht kennen Sie von sich selbst Sätze wie:
- „Aber das ist doch normal, das würde ja jeder machen."
- „So eine tolle Sache war das jetzt auch nicht."
- „Das gehört halt zu meinen Aufgaben."

Solche Aussagen sind Bremsklötze für Ihre Selbst-PR. Häufig entstehen sie aus mangelndem Selbstbewusstsein. Die Folge ist: Sie reden Ihre Leistungen klein, also werden diese auch als klein und unwichtig wahrgenommen.

Alles, was Sie tun, ist für irgendjemanden wichtig

Machen Sie sich bewusst: Sie sind ein wichtiges Rad im Getriebe Ihrer Firma. Ihre Aufgaben ermöglichen allen

Beteiligten, ihre eigene Arbeit zu erledigen. Selbst scheinbar banale Aufgaben bilden einen wichtigen Bestandteil im Ganzen:

- Würden Sie gern ohne Getränke im ungelüfteten Konferenzraum sitzen wollen?
- Würden Sie gern durch ein fremdes Bürogebäude irren, weil Sie niemand zu Ihrem Termin im richtigen Raum bringt?

Überwinden Sie Ihre inneren Hemmschwellen

Denken Sie an die eingangs erwähnten Erziehungs- und Bildermuster in Ihrem Kopf:

- Welche typischen Sätze aus Ihrer Kindheit und Jugend kennen Sie noch, die Ihnen direkt oder indirekt sagen, dass Sie brav, still und bescheiden sein sollen?
- Welche neuen Sätze können Sie dagegen setzen? Mit welchen Gedanken könnten Sie sich Ihre Selbst-PR erlauben?

Beispiele für alte Sprüche, die noch in Ihrem Kopf herumgeistern	Ihre neuen „Erlauber"
„Gib nicht so an!"	„Ich darf sagen, was ich geleistet habe!"
„Sei nicht so laut!"	„Ich darf auf mich aufmerksam machen!"
„Stell Dich nicht immer so in den Mittelpunkt!"	„Ich bin hier ein wichtiger Teil des Ganzen!"

Und nun Sie: Denken Sie an früher zurück, welche Sprüche haben Sie oft von den Eltern, Geschwistern, Verwandten oder Freuden gehört? Was könnten Sie heute in Ihrem Kopf dagegen setzen?

Der alte Spruch von früher	Mein neues Denkprogramm
...	...
...	...

Nehmen Sie Lob an!

Ein starkes Selbstbewusstsein gibt Ihrer Selbst-PR Auftrieb. Wenn Sie sich darüber im Klaren sind, was Sie leisten, und auch noch stolz darauf sind, ist es nur noch ein kleiner Schritt, die Dinge auch zu benennen. Aber machen Sie sich nicht wieder mit Ihren eigenen Worten kleiner. Das passiert sicher besonders gerne, wenn Sie dann mal gelobt werden:

Das Lob	So machen Sie sich klein	So stehen Sie zu Ihren Leistungen
„Die Unterlagen haben Sie aber schnell zusammenge-stellt."	„Das war ja kein großes Problem."	„Gern geschehen. Übrigens habe ich das Ganze diesmal noch ergänzt mit ..."
„Das Hotel war prima, das Sie da für mich herausgesucht haben."	„Das hatte mir HRS vorgeschlagen."	„Freut mich. Ich hatte bei HRS besonders auf die ruhige Lage geachtet."

Reagieren Sie einfach positiv aus sich selbst heraus, nicht gekünstelt oder gewollt. Sie müssen sich nicht Schulter klopfend vor Ihren Chef stellen, aber Sie sollten zu Ihren Leistungen selbstbewusst stehen und auf die Besonderheiten Ihrer Arbeit hinweisen.

Wenn Sie Ihre Leistungen dagegen klein reden, können Sie möglicherweise lange auf das nächste Lob warten.

Trick 2: Setzen Sie Ihre eigenen Talente und Fähigkeiten ein

Wenn Sie Ihre Selbst-PR stärken wollen, sollten Sie sich über Ihre Talente und Fähigkeiten im Klaren sein. Selbst solche, die Ihnen selbstverständlich vorkommen, gehören jetzt mal unter die Lupe genommen.

Schritt 1: Überlegen Sie genau, wie Ihre „Erfolgsquote" der letzten Wochen beispielsweise aussieht:

Fragen Sie sich	Beispiele
Was ist Ihnen zuletzt richtig gut gelungen?	· Haben Sie einen Anrufer beruhigen können? · Haben Sie Ihrem Chef noch in letzter Minute einen Flug besorgen können? · Konnten Sie mit neuen Textbausteinen Ihre Korrespondenz schneller erledigen? · ...?
Wer hat kürzlich von Ihrer Arbeit besonders profitiert?	· Wem haben Sie aus der Klemme geholfen? · Wem konnten Sie inhaltlich weiterhelfen? · Wem konnten Sie etwas abnehmen? · Wer hat sich kürzlich für etwas bei Ihnen bedankt? · ...?

Schritt 2: Überlegen Sie nun, bei welcher Gelegenheit Sie über Ihre kleinen – oder natürlich auch großen – Erfolge sprechen können:

- Wer sollte davon wissen?
- Wann wäre die nächste Gelegenheit, um es zur Sprache zu bringen?

- Was hat der andere davon?
- Wie könnten Sie es ins Gespräch einflechten?

Machen Sie sich eine Notiz, wenn Ihnen etwas Besonderes gelungen ist. Das erhöht die Chance, dass Sie im richtigen Moment der richtigen Person davon erzählen, weil Sie es sich vorher überhaupt erst selbst bewusst gemacht haben.

Schritt 3: Jetzt nehmen Sie das Große und Ganze Ihrer Arbeit in Ihr Blickfeld:

- Bei welchen Arbeiten sind Sie besonders schnell, genau, zuverlässig oder nachhaltig?
- Wie unterscheiden sich diese Fähigkeiten von anderen?
- Welche besonderen beruflichen Qualifikationen und Fertigkeiten haben Sie?
- Wer profitiert im besonderen Maße von Ihrer Arbeit?
- Auf was können sich Ihre Kollegen/Ihr Chef bei Ihnen auf jeden Fall verlassen?
- Wer kann auf gar keinen Fall auf Ihre Arbeit verzichten?
- Mit welchen Fragen und Bitten kommen Ihre Kollegen auf Sie zu?

Werden Sie zu einer Marke!

Wenn Sie diese Fragen beantwortet haben, haben Sie schon einen Eindruck davon, welche Rolle Sie genau im Unternehmen spielen. Doch um Ihre Selbst-PR in Schwung zu bringen, sollten Sie noch einen Schritt weiter gehen:

- Was von Ihrer Persönlichkeit/Ihrem Charakter wirkt sich positiv auf Ihre Arbeit aus? Benennen Sie kurze Beispiele (Ihr besonderes Organisationstalent, Ihre besondere Aufmerksamkeit Geschäftspartnern gegenüber ...)

Die Antworten, die Sie auf diese Fragen finden, helfen Ihnen, ein Gefühl dafür zu bekommen, was andere über Sie denken. Denn manchmal gibt es einen Widerspruch zwischen dem, was Sie von sich selbst denken, und dem, was andere von Ihnen denken:

- Wo liegt der größte Widerspruch? Wo gibt es die größten Abweichungen zwischen Ihrer Eigenwahrnehmung und der Wahrnehmung durch andere?
- Was glauben Sie, warum Sie sich anders wahrnehmen als andere?
- Wie möchten Sie gern wahrgenommen werden?

Trick 3: Stellen Sie Ihre Leistungen geschickt dar

Eine der größten Hürden in Sachen Selbst-PR ist, dass Sie die passenden Worte finden müssen, um Ihre Leistungen richtig darzustellen.

Vermeiden Sie typische Kommunikationsfallen

In der Kommunikation können sich gerne kleine Fallen auftun, die in Sachen Selbst-PR sogar das Gegenteil bewirken können:

Typische Fallen, die beim Gegenüber nicht gut ankommen		Beispiele, wie es besser klingen kann
Sie reagieren mit Trotz.	„Aber Sie müssen doch merken, was ich hier geleistet habe."	„Normalerweise brauche ich eine Stunde dafür, diesmal war ich nach zehn Minuten fertig, weil ich einen neuen Ansprechpartner gefunden habe."
Sie ziehen missmutige Vergleiche.	„Außer mir macht das ja keiner."	„Ich habe das heute gerne übernommen. Ich schlage vor, dass sich ab morgen Frau Peters darum kümmert."

Stellen Sie gute Leistungen gut dar

Frauen legen Wert darauf, ein harmonisches Miteinander auf Augenhöhe mit den anderen zu gestalten. Daher werden Frauen, die Karriere machen, gern mit Argwohn betrachtet. Konkurrenzverhalten hat bei Frauen eher einen faden Beigeschmack. Von nichts kommt nichts!

Wenn Sie über die Erfolge Ihrer Arbeit sprechen, sollten Sie nicht übertreiben. Aber wahrscheinlich tendieren Sie wie viele Frauen eher zum Untertreiben. Oder sogar zum Verschweigen, denn das ist ja oft der Weg des geringsten Widerstandes. Warten Sie nicht darauf, dass jemand Sie nach Ihren Fähigkeiten fragt, denn das wird selten passieren. Ergreifen Sie lieber Eigeninitiative.

Ihre Fähigkeit/Leistung	So können Sie es darstellen
Sie hatten großen Zeitaufwand bei einer Reisekostenabrechnung.	„Diesmal war die Reisekostenabrechnung sehr komplex, aber ich habe sie nach einer Stunde doch schon fertig gehabt."
Sie haben sehr gute Englischkenntnisse.	„Der Kunde von der englischen Firma hat sehr über mein englisches Wortspiel gelacht."
Sie haben für Ihren Chef zwei Termine verschoben, da er immer noch im Meeting war.	„Ihre beiden Anschlusstermine habe ich Ihnen auf 17 Uhr und morgen früh um 9 Uhr gelegt, damit Sie Ihren Termin nicht unterbrechen mussten."

Nutzen Sie Ihre Nebensätze

Vielleicht haben Sie die Sorge, zu prahlerisch zu wirken, wenn Sie auf Ihre Leistungen und besonderen Fähigkeiten aufmerksam machen. Es gibt eine Technik, mit der Sie das sehr effektiv und doch unauffällig meistern können: Sie „verstecken" Ihre Leistungen in Nebensätzen.

Ihre Leistung	Der Anlass	Ihr Nebensatz
Sie haben doch noch einen Direktflug für Ihren Chef bekommen.	Die Übergabe der Reiseunterlagen an Ihren Chef	„Hier sind Ihre Reiseunterlagen. Ich wünsche Ihnen einen angenehmen Direktflug, den ich gerade noch ergattern konnte."
Sie haben einen aufgeregten Kunden am Telefon beruhigen können.	Eine Besprechungsrunde mit Ihrem Chef und Kollegen	„Die Unterlagen sind an die Firma XY gegangen, nachdem ich Herrn Krieger am Telefon beruhigen konnte."

Ihr Gegenüber hat nun zwei Möglichkeiten:

1. Er nimmt Ihren Nebensatz unbewusst wahr. Das bleibt zwar „nur" im Unterbewussten hängen, aber genau das wird Sie – ebenso unbewusst – in seinen Augen anders (zum Beispiel kompetenter oder erfolgreicher) wirken lassen.
2. Oder er geht auf den Nebensatz ein: „Ach, Sie haben ..." Dann haben Sie eine weitere Möglichkeit, Ihre Selbst-PR zu vertiefen.

Vermeiden Sie schwammige Aussagen!

Besonders Frauen neigen dazu, Ihre positiven Aussagen über sich selbst so weich zu formulieren, dass die Wirkung verloren geht. Vermeiden Sie solche Weichmacher – besonders in Gegenwart von männlichen Kollegen:

Zu weich	So klingt es selbstbewusster
„Das würde ich eigentlich anders machen."	„Das machen wir lieber anders. Ich schlage vor ..."
„Ich denke, das würde ich ganz gerne übernehmen."	„Ich übernehme das gerne, das liegt mir besonders gut."
„Das gehört aber eigentlich nicht zu meinen Aufgaben, ich habe irgendwie schon anderes zu tun."	„Das gehört zum Aufgabenbereich von Frau Klinger. Ich kümmere mich in der Zeit um ..."
„Ich glaube, das war meine Idee."	„Das war meine Idee. Das hatte ich gestern schon Herrn Guthoff vorgeschlagen, der daraufhin sofort xy veranlasst hat."

Greifen Sie die positiven Aspekte heraus

Eine weitere typische Falle ist die falsche Gewichtung von Inhalten. Wenn Sie sich zu sehr auf die negativen Aspekte Ihrer Aufgaben konzentrieren und die positiven unter den Tisch fallen lassen, wird das bei Ihrem Gegenüber die falsche Wirkung erzeugen.

Beispiel:

Bettina hat eine sehr komplexe Dienstreise für ihren Chef zusammengestellt und organisiert. Sie berichtet ihm davon: „Erst hatte ich keinen Ansprechpartner für das Hotel, dann war der Flug schon ausgebucht, und die Platzreservierung ist irgendwie blöd gelaufen."

Das will Bettinas Chef nicht hören. Was interessieren ihn wohl die Schwierigkeiten bei der Organisation seiner Reise?

Der Sekada❖-Tipp: Reden Sie zu 90 Prozent der Zeit über die 90 Prozent der Dinge, die funktioniert haben, und nur 10 Prozent der Zeit über das, was nicht funktioniert hat. Und bei Letzterem erklären Sie, was Sie beim nächsten Mal anders oder besser machen werden, damit auch diese Probleme als bewältigt erscheinen!

Trick 4: Bringen Sie sich ins Gespräch

Ein Teil Ihrer Selbst-PR ist Eigenwerbung. Eine noch größere Wirkung erzeugen Sie, wenn Sie darüber hinaus andere Gutes über Sie sagen. Bringen Sie sich also ins Gespräch!

Was macht Sie in den Augen anderer aus?

Kennen Sie den ersten Menschen auf dem Mond? Sicherlich sagt Ihnen der Name Neil Armstrong etwas. Aber kennen Sie auch den Namen des zweiten Mannes auf dem Mond? Schon mal von Buzz Aldrin gehört?

Genauso ist es mit Ihren Leistungen im Sekretariat: Seien Sie das Original. Stehen Sie für etwas ein:

* Welches Alleinstellungsmerkmal macht Sie aus?
* Worin sind Sie in Ihrer Firma Pionier?
* Was ist dank Ihnen neu eingeführt oder geändert worden?
* Wenn das noch nicht der Fall ist: Was könnten Sie – unverwechselbar mit Ihnen verbunden – einführen oder ändern?

Seien Sie ein Typ:

* Was sollen Ihre Kollegen oder Ihr Chef als Erstes vor Augen haben, wenn diese an Sie denken?
* Welches Symbol, welcher typischer Gegenstand macht Sie aus?

Es ist manchmal auch eine subtile Symbolik, die in Ihrer Kleidung oder Ihrer Büroeinrichtung mitschwingen kann.

Oder es sind bestimmte Angewohnheiten, die Ihre Kolleginnen direkt mit Ihnen verbinden.

Der Sekada♣-Tipp: Wenn Sie polarisieren, fallen Sie auf. Wenn Sie total angepasst sind, fallen Sie kaum auf. Suchen Sie sich Ihr Alleinstellungsmerkmal und pflegen Sie es sorgfältig!

Trick 5: Gehen Sie mit den Selbst-PR-Tricks von starken Persönlichkeiten um

Haben Sie manchmal das Gefühl, dass Sie gut sind, aber andere sich viel besser ins Rampenlicht drängeln? Das ist normal. Es gibt immer Persönlichkeiten, die mit besonders ausgeprägtem Sendungsbewusstsein auf sich aufmerksam machen.

Neben Kolleginnen, die eine starke Ausstrahlung haben, möchten Sie sich natürlich gut positionieren. Beachten Sie dabei, dass Sie solchen Personen nicht in die Parade fahren und Ihnen die Bühne rauben wollen. Wer das tut, gibt von sich selbst ein kleinliches Bild ab.

Vermeiden Sie Zickenkrieg!

Wenn sich eine Person besonders herausstellt,

- stehen Sie einfach über den Dingen,
- sprechen Sie mal ein ehrliches Lob in ihre Richtung aus,
- nutzen Sie ihre Plattform mit, indem Sie ihr vielleicht sogar den Rücken stärken oder sie mit Ihren eigenen Worten unterstützen.

Eine aktuelle Titelübersicht der Ratgeberreihe von Sekada♣ steht jederzeit für Sie unter www.sekada-daily.de/shop bereit.

Checkliste für Ihre Selbst-PR

Erkennen Sie sich selbst!	· Was können Sie besonders gut? · Wer profitiert davon? · Wer sollte davon erfahren?
Bringen Sie sich ein!	· Machen Sie sich bewusst, dass längst nicht alles selbstverständlich ist. · Sprechen Sie über Ihre Leistungen – direkt und in Nebensätzen. · Machen Sie Verbesserungsvorschläge.
Seien Sie eine Persönlichkeit!	· Entwickeln Sie Besonderheiten, die andere direkt mit Ihnen in Verbindung bringen können. · Stehen Sie zu Ihren Fähigkeiten und besonderen Eigenschaften. · Geben Sie anderen starken Persönlichkeiten ihren Freiraum.

Sich durchsetzen und Respekt verschaffen

Diese Tricks von männlichen Kollegen sollten Sie kennen, um sich Respekt zu verschaffen und sich durchzusetzen

Fühlen Sie sich von Ihren männlichen Kollegen und Ihrem Chef mitunter missverstanden? Fragen Sie sich manchmal, wie Sie mit den typisch männlichen Verhaltensweisen umgehen sollen? Wenn Sie die folgenden Tricks kennen, können Sie sich den für Ihre Arbeit nötigen Respekt verschaffen.

Wichtig vorab: Es gibt immer Ausnahmen – auch bei Männern. Aber sicherlich werden Sie in diesem Kapitel viele Verhaltensmuster wiederfinden, die Sie an Ihren Chef und Ihre männlichen Kollegen erinnern.

Darum sollten Sie die Tricks der Kollegen kennen

Angesichts der verschiedenen Welten von Männern und Frauen sind Missverständnisse vorprogrammiert:

Männer	Frauen
... spielten früher Fußball und hatten immer einen Anführer in ihren Cliquen (Fokus: der Wettkampf).	... spielten früher mit Puppen und handelten die besten Freundschaften untereinander aus (Fokus: das Miteinander).
... sehen die tägliche Arbeit als eine Art Wettkampf.	... streben Gleichberechtigung und Fairness bei der Arbeit an.
... „kämpfen" klare Rangordnungen „aus".	... wollen sich konkurrenzlos zwischen Ebenbürtigen bewegen.
... teilen ungern Informationen (gleichbedeutend mit der Abgabe von Macht).	... tauschen sich regelmäßig und intensiv aus.
... bevorzugen Ellenbogengehabe.	... bevorzugen ein harmonisches Umfeld.

Die Regeln in Ihrer Firma sind männlich

In den Führungsetagen beherrschen heute immer noch relativ unangefochten die Männer das Geschäft – und damit sämtliche Regeln innerhalb ihrer eigenen Unternehmen. Das gesamte Kommunikationssystem ist männlich geprägt. Die bestehenden Regeln werden nicht diskutiert, und die Männer selbst gehen absolut intuitiv mit solchen Regeln um. In diesem Kapitel lernen Sie die wichtigsten Regeln und den Umgang damit kennen, damit Sie den nötigen Respekt für Ihre Arbeit gewinnen können.

So lernen Sie neben den offiziellen auch die inoffiziellen Regeln kennen

Lernen Sie die Regeln, die die Männer in Ihrem Unternehmen festsetzen. Beobachten Sie den Umgang der männlichen Kollegen mit diesen Regeln in Ihrer Firma. Schärfen Sie Ihren Blick für die wichtigsten Indizien:

- Wie sieht das Verhalten zwischen Vorgesetzten und Untergebenen aus? Wie drücken sich die Hierarchien in der Körpersprache, dem Gesagten und den Statussymbolen aus?
- Wer arbeitet wem zu, wer verteilt die Arbeit?
- Wer spricht mit wem worüber? Wo und wie fließen die Informationen? Wer darf was wissen?

Denken Sie daran, dass Wissen Macht ist!

Wenn Sie sich die Regeln in Ihrem Unternehmen bewusst machen, haben Sie die Möglichkeit, sich mit den folgenden Tipps und Tricks gegenüber Ihrem Chef und Ihren männlichen Kollegen Respekt für sich und Ihre Arbeit zu verschaffen. Denn Wissen ist auch für Sie als Sekretärin Macht!

Die Regeln in einer Firma werden von den Führungskräften aufgestellt; dabei gibt es offene und versteckte Regeln:

Typische offene Regeln	Typische inoffizielle Regeln
In der Kantine haben die obersten Führungskräfte einen eigenen Bereich.	Bestimmte Führungskräfte oder Mitarbeiter dürfen unentschuldigt zu spät kommen.
Die Türen zu den Büros haben geschlossen zu sein.	Beim Chef klopft man nicht an, sondern ruft ihn an, wenn Gäste bei ihm anzukündigen sind. Nur bestimmte Mitarbeiter dürfen ungefragt bei ihm eintreten.

Diese Regeln sind verbindlich. Wenn Mitarbeiter sie nicht einhalten, werden sie „bestraft" – zum Beispiel mit Mehrarbeit oder „in Härtefällen" sogar mit dem Entzug von Statussymbolen.

Überzeugen Sie mit Durchsetzungsvermögen!

Eine ungeschriebene, aber wichtige Regel in jeder Firma ist die, wie sich „gute Arbeit" definiert. Vorsicht: Männer und Frauen interpretieren „gute Arbeit" auf unterschiedliche Art und Weise!

Beispiel:

Claudia ist genervt. „Jeden Tag mache ich hier meine Arbeit, in drei Jahren ist mir noch nie ein Fehler passiert – aber mein Chef hat nie ein gutes Wort für mich!" Claudias Kollegin zuckt mit den Schultern. „Irgendwann wird er es schon merken, wenn du deine Arbeit weiterhin gut machst ..."

Besser als andere zu sein, bedeutet ...	... für Frauen,	... für Männer,
	... inhaltlich zu überzeugen.	... sich besser durchzusetzen.

Während Frauen versuchen, mit Inhalten, also ihrer Arbeit, andere von ihren Qualitäten zu überzeugen, setzen Männer auf Durchsetzungsvermögen. Sie liefern vielleicht weniger Fakten, aber machen wesentlich mehr Wind darum.

Setzen Sie sich durch:
- Sprechen Sie über Ihre Erfolge wie selbstverständlich!
- Verkaufen Sie Ihre Leistungen mit Selbstbewusstsein – das wird wahrgenommen!
- Zeigen Sie die Vorteile, die Ihr Chef durch Ihre Arbeit hat!

Warum Sie immer die Rangordnung einhalten sollten

Männer grenzen klar ab und sortieren andere nach oben und unten:

- Wer ist A, wer ist B, wer nur C?

Das wirkt sich auch auf deren Kommunikation aus:

- Was A sagt, ist wichtig! Was C sagt, ist bedeutungslos.
- Wenn ich etwas erreichen will, gehe ich gleich zu A.

Die Rangordnung ist wichtiger als der Inhalt

Männer wollen wissen, wer das Sagen hat. Am liebsten wollen Sie selbst das Sagen haben. Männer beachten genau die Rangordnung und „kämpfen" diese immer wieder „aus". Wer etwas erreichen will, wendet sich niemals an Ranggleiche, sondern immer an die Nummer Eins. Männer wollen Meinungsführer sein oder zumindest von diesen wahrgenommen werden. Wer sein Wissen besonders gut verkauft, gewinnt – nicht, wer das meiste Wissen hat. Das wird natürlich nicht offen ausgesprochen.

Machen Sie den Ranghöchsten aus

Wer in einer nach Stellenbeschreibungen und Visitenkarten augenscheinlich gleichrangigen Gruppe tatsächlich das Sagen hat, lässt sich oft an kleinen Dingen ausmachen. Achten Sie mal darauf, wer ungeahndet zu spät kommen darf – das sagt oft schon viel über die unausgesprochene Rangfolge aus.

Auch Redeanteile in einer Besprechung sagen viel über die unausgesprochene Machtverteilung aus. Das Reden nutzen Männer als Mittel, ihre Dominanz auszudrücken. Ranguntere haben sich dann in Geduld zu üben.

Seien Sie sich dessen bewusst:
In Ihrer Funktion als Sekretärin nehmen Sie in den Augen der Führungskräfte einen der ganz unteren Ränge ein.

Sprechen Sie immer den Richtigen an!

- Wenn Sie etwas Wichtiges erreichen wollen, wenden Sie sich jeweils an denjenigen, der auch wirklich in Ihrer Angelegenheit zuständig ist. Klären Sie für sich ab, ob das eine andere Sekretärin oder tatsächlich der nächste Vorgesetzte ist.

- Beachten Sie, dass Sie Ihren Chef nicht übergehen. Das ist eine große Missachtung der Rangordnung und wird öfter mit Sanktionen belegt.

Beispiel:

Claudia hat eine Presseinformation auf dem Tisch, die sie prüfen soll. Sie bemerkt, dass die Firmenangaben fehlerhaft sind. Der Auftrag kommt von ihrem Chef. Verantwortlich für die genauen Angaben aber ist der Vorgesetzte ihres Chefs. Also wendet sie sich mit ihrer Frage zuerst an den Chef. Der fühlt sich nicht zuständig, also muss ihr nächster Weg der zu dessen Vorgesetztem sein.

Sie gewinnen die Achtung der anderen, wenn Sie die Hierarchie sehr genau einhalten. Je größer Ihre Firma ist, umso mehr gilt diese Regel.

Beachten Sie bei Ihrer Körpersprache die Rangordnung!

Wenn Sie eine Berührung oder Bemerkung Ihnen gegenüber als unangemessen empfinden, sollten Sie zwei Dinge beachten:

- Branche, in der Sie tätig sind. Welche Verhaltensformen sind üblich? In der Medienbranche ist mehr

Körperkontakt „erlaubt" als beispielsweise in großen Wirtschaftskonzernen.

- die Art des jeweiligen Körperkontakts, um den es sich hierbei handelt. Ist dieser innerhalb der ungeschriebenen Regeln Ihres Unternehmens angemessen?

Beispiel:

Geben sich zwei Männer die Hand, und der eine packt dabei dem anderen mit der freien Hand an den Arm oder sogar auf die Schulter, können Sie davon ausgehen, dass dieser der Ranghöhere ist, beziehungsweise es damit ausdrücken will. Körpersprachlich heißt das: „Ich bin dir ebenbürtig" oder „Das hier ist mein Machtbereich, hier habe ich das Sagen". Anhand dieses Verhaltens können Sie übrigens ebenfalls auskundschaften, wer welchen Rang auf der inoffiziellen Skala einnimmt.

Wenn Sie also unsicher sind, ob Sie eine solche Berührung erwidern sollen, machen Sie sich bewusst:

- Will ich diesen Machtanspruch für mich in diesem Moment wirklich ausdrücken? – Dann erwidern Sie die Berührung.
- Oder möchte ich meinem Rang angemessen die Berührung lieber ignorieren? Dann quittieren Sie das Ganze mit Ihrem Pokerface (siehe Tipp Seite 42 f.) und nehmen Sie Abstand.

Lassen Sie aber nie verbale Fouls durchgehen. Dann gilt: *Verhandeln Sie nicht, sondern handeln Sie!*

Der Sekada♣-Tipp: Bei Vorgesetzten sollten Sie die Berührung an der Schulter nicht erwidern. Das wäre unangemessen. Wenn aber ein Kollege oder ein Geschäftspartner Ihres Chefs Sie bei der Begrüßung immer so berührt und es Ihnen unangenehm ist, können Sie die Berührung erwidern, und Ihr Gegenüber wird sehr, sehr überrascht sein, dass Sie sein Machtspiel kopieren. Er wird Sie mit anderen Augen betrachten. Sie dürfen gespannt sein, wie er sich in Zukunft verhält – es wird sich auf jeden Fall etwas verändern.

Seien Sie sich bei verbalen Fouls Ihres Ranges bewusst

In jeder Situation sollten Sie sich *Ihren* Rang klarmachen: Schreiben Sie „nur" Protokoll (unterster Rang)? Sind Sie aktiv beim Meeting beteiligt (mittlerer Rang)? Oder sind Sie sogar auf Augenhöhe mit Ihren Gesprächspartnern, also leiten Sie zum Beispiel ein Projektmeeting (gleichwertiger bzw. höherer Rang)?

Typische Fouls von Männern	Typische Frauenreaktionen	Ihre Reaktion in Zukunft
Ihr Vorgesetzter/Chef/ männlicher Kollege fällt Ihnen vor den Kollegen mehrfach ins Wort.	Sie ziehen sich beleidigt zurück und schmollen, weil man Sie nicht ausreden lässt. Typische Bemerkungen: „Jetzt lassen Sie mich doch auch mal ausreden…!" „Müssen Sie mich immer unterbrechen?"	1. **Unterster Rang:** Machen Sie ihm – in einem Vieraugengespräch (!) – klar, dass Sie dieses Verhalten nicht mehr wünschen. 2. **Mittlerer Rang:** Sprechen Sie Ihren Satz ungerührt zu Ende; zur Not wiederholen Sie Ihre Aussage, damit jeder Sie verstanden hat. 3. **Gleichwertiger/ höherer Rang:** Machen Sie vor allen deutlich: „Bis hierhin und nicht weiter!"

| Ein männlicher Kollege macht eine leicht anzügliche Bemerkung in großer Runde in Ihre Richtung. | Viele Frauen reagieren gar nicht und fühlen sich anschließend beschmutzt. Das bestärkt die männlichen Kollegen nur darin, mit solchen Bemerkungen fortzufahren. | 1. *Unterster Rang:* Quittieren Sie die Situation unkommentiert und mit Pokergesicht. Suchen Sie bei „harten Nüssen" das Vieraugengespräch.
2. *Mittlerer, gleichwertiger* oder *höherer Rang:* Führen Sie zum Beispiel eine „ChauviKasse" mit Preisliste und festen Regeln ein (softer Spruch 5 Euro, unterste Gürtellinie 50 Euro etc.). Die Erfahrung zeigt: Die meisten zahlen – das Geld können Sie mit Ihren Kolleginnen dann einmal im Jahr auf den Kopf hauen. Das Ganze wird dadurch für die Männer und für Sie ein Sport statt echter Stichelei. |

Wie Sie mit einem Pokerface weiter kommen als mit zu viel Emotionen

Beispiel:

Tanjas Chef kommt mit einem steinharten Gesicht ins Sekretariat, knallt Unterlagen auf ihren Schreibtisch und verschwindet ohne ein Lächeln in sein Büro. Tanja hat sofort einen Stein im Bauch: „Was habe ich denn jetzt schon wieder falsch gemacht?"

Sie hat vermutlich gar nichts falsch gemacht. Aber sie erwartet von ihrem Chef ein Lächeln, wenigstens ein freundliches Gesicht, wenn er ihr begegnet. Stattdessen hat sie das Gefühl, emotional verhungern zu müssen.

Lassen Sie sich vom Pokerface nicht beirren!

Lassen Sie sich von den Masken nicht beirren, die viele Männer scheinbar aufgesetzt haben. Dieses Pokerface dient ihnen als

- Selbstschutz („Niemand muss wissen, wie ich mich gerade fühle."),
- Beweis ihrer Wichtigkeit als Geheimnisträger („Keiner soll meinem Gesicht ansehen, was ich weiß."),
- Waffe („Niemand ahnt, was ich als Nächstes tun werde, die werden sich wundern!").

Grundsätzlich fällt es vielen Männern schwer, mit den eigenen Gefühlen – geschweige denn mit denen anderer – umzugehen. Daher gilt oft die ungeschriebene Regel: *Keine Emotionen zeigen!*

Das Pokerface ...	... und Ihr Umgang damit
Der Chef scheint schlechte Laune zu haben.	Ignorieren Sie sein Verhalten und reagieren Sie völlig normal, als wenn nichts wäre.
Der Chef murmelt bei einem Vorschlag von Ihnen grimmig vor sich hin.	Fragen Sie ihn nicht, wie er sich mit Ihrem Vorschlag *fühlt* – fragen Sie ihn, was er darüber *denkt*.
Der Chef stellt Ihnen gegenüber sein volles Dominanzverhalten zu Schau.	Lassen Sie sich nicht einschüchtern oder beeindrucken. Lachen Sie innerlich darüber nach dem Motto: „Wenn er es braucht ..."

Werden Sie dann doch mal angelächelt: Freuen Sie sich!

Zeigen auch Sie Ihr Pokerface!

Wenn Ihr Chef Ihnen Ihre Emotionen gleich an der Nasenspitze ablesen kann, wird er darin keinen Mehrwert für sich sehen – im Gegenteil: Sie schwächen damit Ihre eigene Position. Dagegen kann Ihnen ein Pokerface Sicherheit und Schutz verschaffen – und Stärke! Pokerface zeigen Sie, indem Sie

* weiterhin freundlich bleiben,
* sich Ihren Ärger oder Ihre Enttäuschung nicht anmerken lassen,
* sich Ihren Teil denken, statt damit herauszuplatzen.

Wenn Sie sich Ihre Gefühle nicht gleich anmerken lassen, wird Ihnen das mehr Respekt verschaffen. Denn Ihr Chef ist als Mann mit zu vielen Emotionen schnell überfordert – und das bringt Sie dann in der Sache nicht weiter.

Warum Sie Stärken statt Schwächen zeigen sollten

Wenn Frauen und Männer miteinander kommunizieren, kommt es häufig zu Missverständnissen. Ein wichtiger Grund dafür ist der, dass Männer hauptsächlich auf der Sachebene und Frauen mehr auf der Beziehungsebene kommunizieren. Schon bei kleinen Dingen kann das zu unterschiedlichen Wahrnehmungen führen:

Ihre Leistung	... bei Frauen:	... bei Männern:
Ein Lächeln im Gespräch heißt meistens	„Ich möchte gefallen" (gerne auch als Verlegenheitsgeste).	„Das gefällt mir."
„Mhm", „ja" etc. im Gespräch heißen meistens	„Ja, ich *höre* dir/Ihnen zu."	„Ja, ich *stimme* dir/Ihnen zu."

Bei Männern gilt: Dominanz ist gleichbedeutend mit Kompetenz. Wer lächelt, zeigt dagegen Schwäche und Unterwerfung. Das erklärt zum einen das Pokerface, aber auch, warum Frauen manchmal mit ihrem Lächeln das Gegenteil von dem erreichen, was sie erreichen wollten.

Wenn lächeln, dann tun Sie es bewusst!

Wenn Sie Respekt für Ihre Arbeit und Ihre Person haben wollen, beachten Sie die folgende Grundregel: Wer bei allen beliebt ist, wird nicht respektiert. Setzen Sie daher Ihr Lächeln gezielt ein:

- Lächeln Sie nicht, um zu gefallen.
- Lächeln Sie nur, wenn Sie einen Grund haben.

Zeigen Sie, dass Sie stark sind!

Nehmen Sie Attacken und Meinungsverschiedenheiten nicht persönlich. Versuchen Sie, die Sache, um die es geht, von sich als Person zu trennen. Eine Auseinandersetzung heißt nicht, dass Sie persönlich nicht gemocht werden. Männer beglückwünschen sich manchmal sogar nach Auseinandersetzungen; für sie gehört das zum Spiel.

Warum Rituale und Symbole wichtig für Sie und Ihre männlichen Kollegen sind

Beispiel:

> Karinas Telefon klingelt Sturm, aber ihr Chef lässt keine Anrufe durchstellen. Als ein Kollege hereinkommt und mit ihrem Chef sprechen will, winkt sie ab: „Der Chef telefoniert schon den ganzen Vormittag …" Der Kollege horcht auf: „Ah, sicher wegen seines neuen Firmenwagens – da habe ich noch einen Tipp für ihn …" – und verschwindet für die nächste Stunde unangemeldet im Büro von Karinas Chef. Sie schüttelt befremdet den Kopf: „Kleine Jungs und ihr Spielzeug!"

Männer drücken Ihre Machtansprüche nicht nur durch Redeanteile, Körpersprache und bestimmte Begrüßungsrituale aus. Die Rangordnung wird auch durch Besitzansprüche symbolisiert. Chefs kämpfen um bestimmte Parkplätze auf dem Firmengelände, um die bessere Ausstattung ihres Firmenwagens, kommen ab einer bestimmten Stufe ihrer Karriere nur noch im Maßanzug. Das alles sind Statussymbole und Zeichen der Macht.

Stellen Sie Statussymbole Ihres Chefs nicht infrage!

Diese Statussymbole sind dazu da, um die Rangordnung zu markieren – daher werden sie auch nicht öffentlich diskutiert. Wenn Sie das Geschacher um diese Symbole öffentlich missbilligen oder infrage stellen, werden Sie sich bei Ihren männlichen Vorgesetzten keine Freunde machen.

Beschaffen Sie sich als Sekretärin auch Ihre Statussymbole

Beharren auch Sie auf Ihren ganz eigenen Statussymbolen. Wenn Ihnen ein größerer Schreibtisch angeboten wird – nehmen Sie ihn an! Wenn Sie einen anderen Parkplatz haben dürfen, greifen Sie zu! Wenn Sie als eine von wenigen ins Internet dürfen – registrieren Sie es ebenfalls als Statussymbol und gehen Sie ganz selbstverständlich damit um. Ein Ablehnen ist ein Zeichen von Schwäche, Respekt bringt es Ihnen nicht ein.

Wie Sie Lösungen vorschlagen, statt Probleme zu wälzen

Beispiel:

Petra friert, das Fenster am anderen Ende des Besprechungszimmers ist gekippt. Mehrfach zieht sie den Blazer vorne zusammen und die Schultern hoch, aber keiner der Männer reagiert. Schließlich sagt sie, während sie die nächste Seite ihres Schreibblocks umblättert: „Ist Ihnen nicht kalt?" Nur einer schaut auf. „Nö", ist seine Antwort. Keiner steht auf und macht das Fenster zu. „Die müssen doch sehen, dass mir kalt ist!", ärgert sich Petra in Gedanken. Die Männer dagegen verdrehen nur die Augen, weil sie wieder so ein muffiges Gesicht zieht. „Was die wohl wieder hat ..."

Frauen tappen bei Männern oft in eine typische Kommunikationsfalle: Sie bevorzugen die indirekte Kommunikation. Männer dagegen kommunizieren wesentlich direkter. Auch Sie werden mit indirekten Bemerkungen bei Männern selten Erfolg haben.

Sagen Sie, was Sie brauchen!

In dieser Situation hätte Petra mit folgender Äußerung sicherlich mehr Erfolg erzielt: *„Mir ist kalt. Herr Meier, würden Sie bitte das Fenster schließen? Vielen Dank!"*

Der Sekada♣-Tipp: Geben Sie klare, knappe Arbeitsanweisungen: Wer tut was bis wann? Am Ende dieser Aussage ziehen Sie die Stimme nach unten. Der Grund für diese indirekte Kommunikation von Frauen liegt auf der Hand:

Sie wollen
● sich nicht aufdrängen,
● niemanden zu etwas zwingen oder
● ihre eigenen Wünsche nicht in den Vordergrund stellen.

Männer sind da ganz anders: Sie sagen, was sie wollen, und jede/r weiß, woran sie oder er ist. Ergebnis: Sie bekommen es auch! Wichtig zu wissen für Sie: Diese Art der Kommunikation erwarten Männer auch von ihrem Gegenüber!

Liefern Sie Lösungen!

Klagen Sie nicht nur. Schlagen Sie Lösungen vor! Jammern Sie nicht darüber, dass etwas nicht funktioniert: Das wird mit Ihnen persönlich in Verbindung gebracht. Stellen Sie lieber das Problem sachlich dar und schlagen Sie Lösungen vor. Das verschafft Ihnen den nötigen Respekt, den Sie sich wünschen und verdienen.

So lernen Sie den Unterschied zwischen Respektüben und Harmoniebedürfnis

Bei Frauen setzt schnell eine Art „Hab-mich-lieb"-Zwang ein, denn sie wollen es allen recht machen. Männer dagegen haben kein Problem damit, wenn jemand sie nicht leiden kann. Männer haben Respekt voreinander, Frauen wollen geliebt werden. Tragen Sie dem Rechnung, dass es um Respekt geht und nicht um die reine Aufrechterhaltung von Harmonie. Im Umgang mit Ihrem Chef zum Beispiel heißt das:

- Zollen Sie ihm Anerkennung, wenn er etwas erreicht hat.
- Schätzen Sie vor wichtigen Konferenzen etc. seine Erfolgschancen optimistisch ein.
- Ziehen Sie keinen Fachmann oder andere Kollegen heran, um ihn auf Fehler hinzuweisen.
- Loben Sie ihn vor anderen, aber greifen Sie ihn nicht an. Kritik immer nur unter vier Augen!

Der Sekada♣-Tipp: Begeistern Sie Ihren Chef und Ihre Kollegen für Ihre Persönlichkeit!
Vielleicht ist es Ihrem Chef egal, dass Sie ihm mal wieder den Rücken freigehalten haben oder nur mit viel Mühe einen Termin verlegen konnten. Aber es ist ihm nicht egal, wie Sie wirken:

- Sind Sie meist gut gelaunt?
- Sind Sie selbstsicher und aufgeschlossen?
- Fällt Ihnen immer ein netter Spruch ein?
- Verstehen Sie seinen Humor?

Begeistern Sie ihn und andere für Ihre Persönlichkeit – denn dass Sie gute Leistungen bringen, davon wird ohnehin stillschweigend ausgegangen.

Eine wichtige männliche Regel gilt auch für Sie: Es kommt weniger darauf an, was Sie sagen, als darauf, wie Sie es sagen.

... und warum Sie als Frau Ihre ganz eigenen Vorteile gegenüber den Männern haben

Sie als Frau haben ein unschlagbares Gefühl für zwischenmenschliche Beziehungen.

Das ist Ihre Chance bei Ihrer Arbeit im Sekretariat: Sie können die körpersprachlichen Signale und verbalen Äußerungen gut deuten, um sich beispielsweise ein Bild von der wirklichen Rangfolge in Ihrer Firma zu machen.

Nutzen Sie Ihren weiblichen Charme!

Sie nehmen zwar „nur" einen unteren Rang ein, aber Sie haben etwas, was Ihre männlichen Vorgesetzten ganz sicher nicht haben: weiblichen Charme.

Setzen Sie den selbstbewusst ein, dann können Sie gegen jede Rangordnung mehr erreichen, als Sie vielleicht glauben. Gegen diese Waffe sind viele Männer machtlos. Machen Sie sich für Ihre Arbeit täglich bewusst:

Sie sind nicht in der Firma, damit Sie geliebt werden. Sie machen dort Ihren Job so, dass Sie respektiert werden.

Das ist das, was in einer noch weitgehend von Männern geprägten Welt zählt. Machen Sie sich einen Spaß daraus – es ist ein großes Spiel!

Mit diesen rhetorischen Tipps setzen Sie sich bei Chefs und Kollegen besser durch

Viele Sekretärinnen klagen darüber, sie hätten manchmal das Gefühl, dass – egal, was Sie sagen – Ihr Gegenüber sie nicht so richtig ernst nimmt. Häufig sind es die Kollegen, bisweilen auch der Chef: Kollegen halten Termine nicht ein, obwohl sie mehrmals erinnert wurden, und Chefs halten sich nicht an Absprachen. Das ist manchmal zum Verzweifeln.

Beispiele:

Stefanie hat ihren Chef schon mehrmals darum gebeten, dass sie sich beide morgens kurz für zehn Minuten zusammensetzen, um die wichtigsten Aufgaben des Tages zu besprechen. Der Infofluss ist Stefanie wichtig und notwendig – doch ihr Chef scheint ihre Wünsche komplett zu ignorieren. Er lässt dieses Meeting regelmäßig ausfallen, da ihm andere Termine wichtiger sind. Stefanie fühlt sich herabgesetzt und nicht ernst genommen.

Tanja ist Sekretärin in einem mittelständischen Unternehmen. Sie ärgert sich oft darüber, dass die Küche aussieht wie ein Schlachtfeld. Sie hat die Kollegen in der Abteilung schon häufiger darum gebeten, die schmutzigen Tassen in die Spülmaschine zu räumen. Doch kaum jemand hält sich daran. Tanja könnte platzen vor Wut.

Nur Tanja und Stefanie selbst können etwas ändern

Was passiert, wenn Tanja und Stefanie hoffen, dass die Kollegen oder der Chef irgendwann zur Einsicht kommen? Nichts. Denn die fühlen sich bei ihrem Verhalten ganz wohl und haben keine Ahnung, wie enttäuscht und frustriert die beiden wirklich sind. Also gilt: Ohne Tanjas und Stefanies Zutun wird sich an den beschriebenen Situationen nichts ändern. Sie selbst müssen ihr Verhalten ändern.

Ändern Sie Ihr Verhalten

Das ist leichter gesagt als getan – aber offensichtlich nötig. Sie setzen Termine, machen Vorschläge, sagen Ihre Meinung, schirmen Ihren Chef ab, sagen nein usw. Und jedes Mal sollte Ihr Gegenüber Sie ernst nehmen. Tut er aber nicht. Diese Erfahrung haben Sie vielleicht auch schon gemacht.

Kennen Sie den Spruch „Wenn Frauen nein sagen, meinen sie eigentlich ja"? Irgendwas scheinen wir falsch zu machen, sodass unsere Kollegen und Chefs denken, dass wir das, was wir sagen, gar nicht so meinen.

Umgehen Sie diese 7 Fettnäpfe, wenn Sie sich besser durchsetzen möchten

1. Interpretieren Sie nichts in Aussagen hinein

Sie kennen doch sicher die Redewendung „zwischen den Zeilen lesen". Das können Frauen wirklich gut.

Beispiel:

Ihr Chef sagt: „Kommen Sie bitte sofort zu mir." Er will Sie möglichst schnell sprechen. Was vermuten Sie?

Viele Sekretärinnen rechnen gleich mit etwas Schlimmem. Aber das muss nicht so sein. Wenn Sie von etwas Unangenehmem ausgehen, sind Sie möglicherweise nervös oder schon auf Abwehr eingestellt. Keine gute Voraussetzung für ein konstruktives Gespräch.

Beispiel:

Ein Kollege kommt zu Ihnen ins Büro und fragt: „Hast du viel zu tun?"

Wenn Sie jetzt hineininterpretieren, dass er nur deshalb fragt, weil er Arbeit bei Ihnen abladen will, täuschen Sie sich möglicherweise. Es handelt sich um eine ganz einfache Frage, die Sie mit ja oder nein oder „geht so" beantworten können. Gehen Sie jedoch bereits bei der Frage vom Schlimmsten aus, also davon, dass er Arbeit loswerden möchte, reagieren Sie vielleicht unnötig gereizt.

Deshalb: Interpretieren Sie harmlose Aussagen nicht sofort um, sondern warten Sie erst einmal ab. Bleiben Sie positiv, dann können Sie auch gelassen und souverän reagieren – für den Fall, dass der Kollege wirklich Arbeit an Sie abgeben möchte.

2. Vermeiden Sie „inkompetente" Wörter!

Beispiele:

Katja sagt zu Bernd:
„Ich fänd's supernett von Ihnen, wenn Sie das bis heute Nachmittag fertig machen könnten."

Martina sagt zu den Kollegen im Meeting:
„Ich fänd's klasse, wenn wir die Sache anders angehen würden."

Wörter, die inkompetent wirken:
- klasse
- komisch
- megaschön
- super
- superschön
- toll
- total
- echt

Diese Wörter lassen Ihre Aussagen unprofessionell erscheinen. Die Wörter sind unsachlich und für die Geschäftssprache nicht geeignet. „Komisch" wird häufig so benutzt: „Das ist ja komisch." Meistens meint man jedoch nicht, dass eine Sache zum Lachen ist, sondern dass sie merkwürdig ist.

Der Sekada♣-Tipp: Bringen Sie mehr Abwechslung in Ihre Sprache. Finden Sie Dinge nicht immer komisch oder super.

Greifen Sie zu anderen Vokabeln wie zum Beispiel zu

- beeindruckend,
- bemerkenswert,
- exzellent,
- gut,
- merkwürdig,
- schlecht,
- sehr gut,
- überzeugend,
- originell.

Besonders schlimm ist die Kombination von „inkompetenten" Wörtern und Füllwörtern. Das sieht dann so aus:

So nicht	Besser
„Eigentlich wollte ich Sie mal fragen, ob wir nicht halt mal drüber sprechen könnten, ob ..."	Einfach fragen.
„Irgendwie fände ich es ganz schön, wenn wir das aus der Welt schaffen könnten."	„Wir sollten das aus der Welt schaffen."
„Ich fänd's total nett von dir, wenn du halt auch mal drüberschauen würdest."	„Bist du so nett und schaust dir das bitte an?"
„Ich wollte halt nur mal fragen, ob es eventuell möglich wäre, dass wir uns morgen kurz zusammensetzen."	„Haben Sie morgen Zeit für ein Gespräch? Ich möchte etwas Wichtiges mit Ihnen besprechen."

3. Verzichten Sie möglichst auf Füllwörter

Viele Frauen tendieren dazu, ihre Aussagen durch Füllwörter zu verwässern. Natürlich verwenden nicht nur wir Frauen überflüssige Füllwörter, auch Männer verwässern ihre Aussagen. Doch wir scheinen dies besonders gut zu können. Wenn Sie viele Füllwörter verwenden, verlieren Ihre Aussagen an Wirkung. Sie verwässern das, was Sie sagen möchten.

Typische Füllwörter sind:

- eigentlich
- halt
- normalerweise

- ganz
- irgendwie
- vielleicht

So nicht:	Besser so:
Eigentlich wollte ich jetzt Feierabend machen.	*Ich bin dann weg./Ich mache jetzt Feierabend.*
Ich fänd's eigentlich ganz gut, wenn wir uns morgens halt kurz zusammensetzen würden.	*Mir wäre es wichtig, dass wir uns morgens kurz zusammen setzen.*
Irgendwie habe ich mir überlegt, ob wir die Postbesprechung nicht gleich morgens machen sollten.	*Ich würde die Postbesprechung mit Ihnen gleich morgens machen.*
Kann ich Ihnen vielleicht weiterhelfen?	*Wie kann ich Ihnen weiterhelfen?*

Achtung! Vermeiden Sie besonders die Anhäufung vieler Füllwörter in einem Satz.

So auf keinen Fall:	Besser so:
Ich find's halt irgendwie ganz schön doof von der Bettina, dass sie ...	*Ich finde es nicht gut, dass Bettina ...*

4. Vermeiden Sie zu vorsichtige Meinungsäußerungen

Klar müssen Sie im Umgang mit Ihren Chefs sensibel vorgehen und Ihre Ideen rhetorisch geschickt vermitteln. Doch viele Ihrer Vorschläge werden erst gar nicht richtig wahrgenommen, weil sie so wenig überzeugend vorgetragen werden. Wer nimmt schon eine Anregung ernst, die so vorgebracht wird: „Eigentlich fände ich es ganz gut, wenn wir ..." Wundern Sie sich bitte nicht, dass Ihre Vorschläge abgeschmettert werden, wenn Sie so unsicher formulieren.

Warum äußern viele Frauen ihre Meinung so unsicher?

Vermutlich liegt es daran, dass frau sich doch noch ein Hintertürchen offen halten möchte, falls der Vorschlag oder die Meinungsäußerung nicht auf Zustimmung stößt. Falls der Gesprächspartner die Idee ablehnt, könnte frau demnach immer noch sagen: „Ich meinte ja auch nur" oder „Hätte ja sein können". Denken Sie daran: „In dir muss brennen, was du in anderen entzünden willst." (Augustinus)

So nicht:	Besser so:
Irgendwie fände ich es ganz gut, wenn wir ...	*Ich habe folgende Idee: ...*
Es ist zwar nur meine Meinung, aber könnte man nicht ...	*Ich habe mir Folgendes überlegt: ...*
Ich weiß, der Augenblick ist ungünstig, aber ...	*Ich brauche nur eine Minute Ihrer Zeit.*

Der Sekada♣-Tipp: Wenn Sie sich der Aufmerksamkeit Ihres Chefs sicher sein möchten, formulieren Sie so: „*Ich würde gern Ihre Meinung zu etwas hören.*" Damit geben Sie ihm ein gutes Gefühl. Er fühlt sich wichtig und ernst genommen. So stellen Sie sicher, dass er Ihnen wirklich zuhört.

5. Betonen Sie Ihre Stärken

Mit der Selbst-PR tun sich viele Frauen schwer. Statt die eigenen Fähigkeiten herunterzuspielen und immer zu den eigenen Schwächen zu stehen, sollten Sie sich Ihrer Stärken bewusst und auch in der Lage sein, diese angemessen zu artikulieren.

Beispiel:

Nach einem überzeugenden Bewerbungsschreiben wird Elke zu einem Bewerbungsgespräch eingeladen. Sie spricht zwei Sprachen: Englisch sehr gut, und sie hat gute Grundkenntnisse in Französisch. Vom Personalchef auf ihre Sprachkenntnisse angesprochen, antwortet sie: „Ach ja, meine Englischkenntnisse sind eigentlich ganz gut. Aber in meinem jetzigen Job habe ich nicht so viel mit Englisch zu tun. Da vergisst man natürlich wieder einiges. Mein Französisch ist ziemlich dürftig."

Welchen Eindruck, glauben Sie, hat der Personalchef von Elkes Sprachkenntnissen? Er glaubt, dass sie kaum im Stande ist, einen flüssigen Satz über die Lippen zu bringen. Ein männlicher Bewerber beschreibt seine Sprachkenntnisse so: „fließend." Was bringt Elke ihre Bescheidenheit in diesem Fall? Sie bringt ihr nichts – es kostet sie höchstens die Stelle, die sie gern angetreten hätte.

Fortsetzung Beispiel:
Elke hätte auch so antworten können:

„Ich spreche fließend Englisch und verfüge über gute Grundkenntnisse in Französisch." So wirkt Elke nicht nur selbstsicherer, sondern sie verkauft sich auch besser und erhöht ihre Chancen, die Stelle zu bekommen. Schadet der selbstbewusste Auftritt ihr irgendwie? Nein! Denn sie ist weder arrogant noch lügt sie. Sie ist einfach ehrlich – zu ihrem Gegenüber und zu sich selbst.

6. Vermeiden Sie umständliche Formulierungen und langatmige Bitten

Statt direkt zur Sache zu kommen, redet frau gelegentlich gern um den heißen Brei herum. Irgendeine Macht scheint sie davon abzuhalten, direkt zum Thema zu kommen. Dass sie damit die Geduld ihres Gegenübers strapazieren, ist vielen gar nicht klar.

Sei es das Gespräch über die Gehaltserhöhung, einen ausnahmsweise frühzeitigen Feierabend oder einen dazwischengeschobenen Urlaubstag: Während viele Chefs innerlich schon ungeduldig auf die Tischplatte trommeln, hat frau immer noch nicht gesagt, worauf sie eigentlich hinaus will.

So nicht:

„Herr Meier, kann ich Sie mal eben stören? Also, es ist Folgendes: Nächste Woche ist ja ein Brückentag, der Freitag. Normalerweise arbeite ich ja auch immer an Brückentagen, aber dieses Mal wollte ich Sie fragen (Chef wird langsam ungeduldig), ob ich nicht vielleicht doch Urlaub nehmen könnte. Natürlich nur, wenn nichts dagegen spricht."

Könnte es Ihnen auch passieren, dass Sie ähnlich um den heißen Brei herumreden?

So wird Ihr Chef möglicherweise reagieren:

- Tut mir leid, gerade heute brauche ich Sie länger.
- Hätten Sie mich da mal früher drauf angesprochen.
- Das wird kaum klappen. Ich habe heute jede Menge für Sie.

Die Reaktionen Ihres Chefs waren vorhersehbar

Sie ahnen es sicher schon: Solche Langatmigkeit ist jedem Chef zu viel. Er reagiert negativ auf den ungeschickt vorgetragenen Wunsch.

Besser so:
„Herr Mertens, ich würde gern morgen um 16 Uhr Feier-abend machen. Mein Überstundenkonto weist 16 Über-stunden auf." Beenden Sie Ihre „Rede" hier erst einmal.

Möglicherweise reicht das Ihrem Chef schon. Sollte er skep-tisch reagieren, setzen Sie Ihre Argumentation fort.

„Ich habe in Ihren Kalender gesehen – von daher passt es sehr gut. Außerdem habe ich schon mit Frau Müller gespro-chen – die weiß, wo sich alles befindet, wenn Sie noch et-was benötigen."

Sie bitten einen Kollegen, Unterlagen zu erstellen

So nicht:
„Ich habe ein Problem. Nächste Woche ist Geschäftsfüh-rungssitzung, und mein Chef möchte die Quartalszahlen präsentieren. Denken Sie, dass Sie mir da behilflich sein könnten? Ich weiß, Sie haben viel zu tun, aber vielleicht bekommen Sie das ja doch irgendwie hin."

In diesem Beispiel hat die Sekretärin wirklich alles falsch gemacht. Sie beginnt mit „Problem". Das ist negativ und erschreckt jeden, der es hört. Sie ist zu unsicher in ihrer An-sprache und mit dem, was Sie möchte. Sie fordert die Hilfe nicht konkret genug ein.

Besser so:
„Herr Müller, ich benötige Ihre Unterstützung. Sie sind doch ungekrönter Herrscher aller Zahlen bei uns. Ich berei-te die Unterlagen für die Geschäftsführungssitzung vor und brauche die Quartalszahlen bis zum 12. Oktober. Können Sie mir die bis dann liefern? Wenn die Zahlen bereits als Präsentation vorliegen, noch besser."

Die Sekretärin „schleimt" sich zuerst ein wenig ein. Das ist rhetorisch geschickter, statt dem anderen gleich mit einem „Problem" ins Haus zu fallen. Sie fragt klar nach dem, was sie braucht, und suggeriert, dass ihr eine PowerPoint-Präsentation willkommen wäre. Falls der Kollege die Präsentation nicht fertig hat, kann sie immer noch überlegen, ob sie ihn auffordert, diese anzufertigen oder ob das in ihren eigenen Aufgabenbereich gehört.

7. Keine unnötigen Abschlussfragen!

Ist es Ihnen auch schon passiert, dass Sie einen guten Vorschlag gemacht haben und dann Ihre Idee zum Schluss heruntergespielt haben? Das sieht in etwa so aus:

So nicht:
„Ich würde Sie gern mehr unterstützen und auch Ihre E-Mails für Sie lesen. Oder spricht da irgendwas gegen?"

Damit legen Sie Ihrem Chef die Ablehnung Ihrer Idee ja geradezu in den Mund. Schade! Zwangsläufig führt dies dazu, dass Sie glauben, immer die falschen Vorschläge zu machen oder zu wenig akzeptiert zu werden. Folge: Minderung Ihres Selbstvertrauens. In Wahrheit geht es dabei um eine rein rhetorische Angelegenheit, die Sie trainieren können.

Vermeiden Sie unbedingt diese Formulierungen:

- ... oder glauben Sie dass da was gegen spricht?
- ... oder meinen Sie, das ist doof?
- ... oder wird das schwierig?
- ... oder kommt Ihnen das ungelegen?

Es ist eindeutig: Egal, wie gut Ihr Vorschlag war: Mit diesen Fragen berauben Sie sich jeglicher Überzeugungskraft. Ihr Gesprächspartner wird auch hier antworten:
„Da haben Sie Recht – das ist wirklich keine gute Idee" oder „Es ist tatsächlich ungünstig – mir wäre lieber, Sie würden Ihren Urlaub verschieben!".

Wenn Sie andere überzeugen möchten, müssen Sie selbstsicher, aber nicht arrogant auftreten.

Formulieren Sie Ihre abschließende Frage lieber so:

- Wie sehen Sie das?
- Wie ist Ihre Meinung dazu?
- Geht das in Ordnung?

Oder statt mit einer Frage beenden Sie Ihren Satz so:

- Ich halte das für eine gute Sache!
- Ich habe alles genau durch gerechnet/organisiert. Es wird keine Probleme geben/alles glattlaufen.
- Ich bin mir sicher, dass ...

Mit diesen Formulierungen demonstrieren Sie Selbstbewusstsein! Sie können sicher sein, dass Ihr Gegenüber Ihnen zuhört und Ihren Worten mehr Bedeutung beimisst.

So optimieren Sie Ihre Rhetorik

- Andere ändern ihr Verhalten nur, wenn Sie zuerst Ihr eigenes Verhalten ändern.
- Sagen Sie genau, was Sie möchten, statt sich in Füllwörter zu retten.
- Reden Sie nicht drumherum, sondern sagen Sie zuerst deutlich, worum es geht. Erklärungen können Sie immer noch nachschieben.
- Übertreiben Sie nicht. Formulieren Sie sachlich.
- Seien Sie von sich und Ihrem Können überzeugt. Dann können Sie sich auch besser verkaufen. Selbst-PR ist unverzichtbar.
- Signalisieren Sie Kompetenz durch Blickkontakt.
- Dosieren Sie Ihr Lächeln.

Übungen – Wie rhetorisch sicher treten Sie bereits auf?

Testen Sie Ihr Wissen und machen Sie die folgenden Übungen.

Übung Nummer 1
Sie möchten Ihren Chef davon überzeugen, dass er Ihnen den Besuch eines Seminars genehmigt. Wie beginnen Sie das Gespräch?
a) Chef, ich wollte Sie mal fragen, ob ...
b) Chef, ich würde sehr gern ein Seminar besuchen und zwar ...
c) Chef, ich habe ja länger kein Seminar besucht. Deshalb wollte ich fragen, ob ...

Übung Nummer 2
Sie möchten eine Gehaltserhöhung und haben ein Gespräch mit Ihrem Chef vereinbart. Wie starten Sie?
a) Ich wollte mal fragen, wie zufrieden Sie mit mir sind?
b) Ich hätte gerne eine Gehaltserhöhung.
c) Ich finde, ich habe eine Gehaltserhöhung verdient.

Übung Nummer 3
Sie sind darauf angewiesen, dass ein Mitarbeiter Ihnen Zahlen für eine Präsentation liefert. Wie bekommen Sie den Mitarbeiter dazu, Ihnen pünktlich zuzuliefern?
a) Herr Meyer, ich brauche Ihre Hilfe.
b) Herr Meyer, Sie kennen sich doch so gut aus mit ...
c) Herr Meyer, ich benötige bis zum xx die Zahlen für ...

Lösung Übung 1
Sekada♣ empfiehlt Ihnen b). Damit kommen Sie sofort zur Sache. Der Vorteil: Ihr Chef weiß sofort worum es geht und wird nicht ungeduldig, da Sie nicht drum herum reden. Mit a) und c) kommen Sie nicht schnell genug zur Sache.

Lösung Übung 2
Sekada♣ empfiehlt Ihnen b). Auch damit kommen Sie sofort zum Punkt. Vorsicht bei Frage a). Wenn Ihrem Chef ein paar Punkte einfallen, die ihm nicht gefallen, können Sie das Gehaltsgespräch nicht fortsetzen. Also: Bleiben Sie von Anfang an beim Thema. Lösung c) ist nicht empfehlenswert, da die Wortwahl wenig sachlich ist. Sie würden damit unprofessionell wirken.

Lösung Übung 3

Sie können mit a) und b) beginnen. a) appelliert an sein großes Herz und b) schmeichelt dem Mitarbeiter. c) ist taktisch unklug. Herr Meyer könnte sich damit herumkommandiert fühlen und die Kooperation verweigern.

Richtig kommunizieren und Ziele erreichen

Wie Sie mit Ich-Botschaften präzise kommunizieren und Ihre Ziele diplomatisch erreichen

Wie können Sie angespannte Gesprächssituationen entkrampfen? Wie bringen Sie Ihren Chef dazu, Ihre Gefühle nicht zu verletzen? Um den richtigen Ton anzuschlagen und Ihr Auftreten zu professionalisieren, sind Ich-Botschaften die richtigen Elemente in Ihrer Kommunikation. Die folgenden fünf Schritte zeigen Ihnen, wie Sie „Ich-Botschaften" zielorientiert einsetzen.

Schlichten statt schimpfen – lernen Sie das Geheimnis „Ich" kennen

Beispiel:

Elke staunt mal wieder über ihre Kollegin Sabine: „Wie machst du das nur, dass dein Chef sich immer so schnell wieder beruhigt, wenn er sich bei dir über etwas aufregt …?" Sabine fragt zurück: „Was machst denn du, wenn sich dein Chef aufregt?" Elke lacht auf. „Ich sage ihm, er soll seine Laune gefälligst woanders rauslassen." Sabine nickt. „Das sage ich meinem Chef auch." Die beiden Frauen schauen sich verblüfft an, aber sie kommen nicht auf den eigentlichen Unterschied …

Sabine hat einen ganz einfachen Trick gegenüber ihrem Chef angewandt: Sie reagiert mit einer „Ich-Botschaft". Während Elke ihren Chef ganz direkt anspricht – „Sie sollten

Ihre Laune an jemand anderem auslassen als immer an mir" –, reagiert Sabine mit *„Mich macht das ganz nervös, wenn ich Ihr böses Gesicht sehe."* Danach zeigt sie ein entwaffnendes Lächeln – und ihr Chef muss zurückgrinsen.

Sprechen Sie mit einer Ich-Botschaft

Der Unterschied liegt in der Art der Ansprache des Gesprächspartners. Ein „Du" beziehungsweise „Sie"
- mischt sich ein,
- klagt an,
- beurteilt schnell von oben herab,
- wird leicht als persönlicher Angriff empfunden.

Ein „Ich" dagegen
- fängt auf,
- entspannt die Situation,
- spiegelt eine persönliche Meinung wider, über die man diskutieren kann,
- ermöglicht einen fairen, offenen Austausch.

Entdecken Sie die „blinden Flecken" in Ihrer Kommunikation

Täglich kommunizieren Sie mit Ihrem Chef und Ihren Kollegen. Diese erhalten dadurch einen bestimmten Eindruck von Ihnen. Daher spielt es eine große Rolle, wie Sie kommunizieren. Wissen Sie, wie Ihr Kommunikationsverhalten aussieht? Wissen Sie, wie Sie mit Ihrer Art, Gespräche zu führen, auf andere wirken? Wenn Sie jetzt keine Antwort haben oder mit den Schultern zucken, ist das ganz normal. Die eigene Wirkung auf andere ist für viele eine Art „blinder Fleck". Aber diesen „blinden Fleck" können Sie sichtbar machen!

Unterscheiden Sie negative von positiven Sätzen

Manchmal rutscht Ihnen vielleicht eine Bemerkung heraus, die mit kleinen Veränderungen viel diplomatischer geklungen hätte. Achten Sie auf die Wirkung solcher Aussagen!

Prüfen Sie an den folgenden Beispielen, welche Variante Sie bei sich selbst häufiger hören:

Vorschnell rausgerutscht	Diplomatischer ausgedrückt
„Sie kommen zu spät zum Meeting!"	*„Ich habe das Gefühl, die anderen warten bereits auf Sie."*
„Sie haben den Termin zu spät abgesagt."	*„Für mich wäre es wichtig, wenn Sie einen Termin rechtzeitig absagen könnten. Dann kann ich mich darauf und gegebenenfalls Vorkehrungen treffen."*
„Das können Sie doch so nicht sagen!"	*„Ich überlege gerade, ob ich Sie richtig verstanden habe. Meinten Sie ...?"*

Gliedern Sie Ihre Ich-Botschaft in 3 Teile

Je schwieriger oder konfliktbeladener eine Situation ist, desto wichtiger ist es, dass Ihre Aussage eine Ich-Botschaft ist, die die folgenden drei Elemente enthält:

1. Schildern Sie die Situation sachlich.
2. Teilen Sie Ihre eigene Wahrnehmung mit.
3. Beschreiben Sie die Auswirkungen des Verhaltens des Gesprächspartners auf den eigenen Bereich/den Bereich von anderen.

Diese dreiteiligen Ich-Botschaften sind vielleicht am Anfang für Sie etwas ungewohnt, aber es lohnt sich, dass Sie sie aktiv üben.

Nach und nach werden sie bei Ihnen immer natürlicher klingen, und Sie erleben ganz nebenbei eine neue Kontrolle über die eigene Sprache.

Vorschnell rausgerutscht	Diplomatischer ausgedrückt
„Sie haben mir schon wieder die Unterlagen zu spät gebracht!"	1. „Sie haben letzte Woche, gestern und heute die Unterlagen zu spät gebracht. 2. Das ärgert mich, 3. denn dadurch gerate ich unter großen Zeitdruck."
„Warum haben Sie denn nicht mehr angerufen? Jetzt konnte hier nichts geklärt werden ..."	1. „Sie haben gestern nicht angerufen. 2. Das hat mich beunruhigt. 3. Ich konnte meinem Chef vor seiner Abreise die Termine nicht mehr bestätigen."

Legen Sie alte Gewohnheiten bewusst ab

Beispiel:

Martina hat auf ihrem Sideboard im Büro eine Schale mit Süßigkeiten stehen. Jedes Mal, wenn ihr Chef daran vorbeigeht, wirft er sich ein Bonbon oder einen Mini-Schokoriegel in den Mund. Am Ende des Jahres jammert er wieder über zwei, drei Kilo mehr ...

So, wie Martinas Chef unbewusst seinen schlechten Angewohnheiten nachgeht, genauso unbewusst gehen die meisten Menschen mit ihren Sprachgewohnheiten um. Erst wenn Martinas Chef seine Wahrnehmung für sein unbewusstes Handeln schärft, wird er sein Verhalten ändern können und die Finger von den Süßigkeiten lassen.

Beobachten Sie sich selbst

Trainieren Sie Ihre Ohren für Ihre eigenen, vielleicht manchmal anklagenden oder undiplomatischen Äußerungen. Gefahr erkannt, Gefahr gebannt: Jetzt können Sie Ihr Sprachverhalten aktiv ändern!

Trainieren Sie es beispielsweise mit Freundinnen oder Ihrer Familie – mit Personen, die Ihnen offen sagen, wie Ihre Äußerungen klingen.

Haben Sie Geduld!

Im Eifer Ihrer Sekretariatsarbeit brechen die alten Gewohnheiten schnell mal wieder durch. Gut ist, wenn Sie das bemerken. Dann haben Sie beim nächsten Mal die Chance, dass Sie vorher reagieren – und sich nicht im Nachhinein über sich selbst ärgern. Eingefahrenes Verhalten in der Kommunikation lässt sich nun mal selten von heute auf morgen ändern.

Wie Sie Ich-Botschaften bewusst und gekonnt einsetzen können, zeigen diese 5 Schritte

Es lohnt sich, wenn Sie sich immer wieder auf Ihre Kommunikation konzentrieren: Mit Ich-Botschaften schaffen Sie es, an Ihre Ziele zu kommen und dabei partnerschaftlich zu bleiben. Beobachten Sie es selbst: Spüren Sie, wie Gesprächssituationen, die früher mitunter anstrengend und unangenehm wurden, jetzt wesentlich entspannter ablaufen!

1. Schritt: Prüfen Sie Ihre innere Einstellung

Horchen Sie jeden Tag ganz ehrlich in sich hinein: „Wie sieht meine innere Einstellung heute aus?"

Eine aktuelle Titelübersicht der Ratgeberreihe von Sekada♣ steht jederzeit für Sie unter www.sekada-daily.de/shop bereit.

Erkennen Sie Ihre inneren Auslöser!	Schalten Sie bewusst um!
Steigt bei Ihnen schon der Puls an, wenn ein bestimmter Kollege Ihr Vorzimmer betritt?	Atmen Sie tief durch, konzentrieren Sie sich darauf, ganz bewusst sachlich und freundlich zu bleiben!
Sie haben sich über jemanden geärgert, und jetzt klingelt auch noch das Telefon ...!	Zählen Sie vor dem Abheben mindestens bis drei und lächeln Sie. Machen Sie sich bewusst: Der nächste Gesprächspartner kann nichts dafür!

Sie erkennen, dass Sie sich ärgern oder schlechte Laune haben? Jetzt denken Sie genau darüber nach, warum Sie so fühlen: Was ist der Auslöser für meinen Ärger? Wer hat was genau getan? Was exakt ärgert mich daran?

Der Auslöser	Ihr ganz persönlicher Ärger	Die Fakten
Eine Kollegin hatte zum wiederholten Mal den Kaffeefilter in der Maschine gelassen, der am Montagmorgen bereits Schimmel angesetzt hat.	Sie sind mal wieder diejenige, die morgens mit spitzen Fingern den Filter entsorgen und die Maschine reinigen muss. Sie sind sauer, dass die Kollegin es wieder vergessen hat, und überhaupt fühlen Sie sich als die Putzhilfe der ganzen Abteilung.	Die Kollegin versteht die Regel „Jeder räumt seine Sachen selbst weg" offenbar nicht vollständig. Sie bezieht diese nur auf die Kaffeetassen, die in die Spülmaschine geräumt werden sollen.
Der lange geplante und mehrfach verschobene Termin wird vom Chef erneut spontan abgesagt.	Sie müssen alle höflich und freundlich informieren und einen neuen Termin finden – auf Fragen hin müssen Sie sich rausreden.	Der Chef hatte keine Lust auf den Termin, sondern wollte lieber seinem Herrenausstatter einen Besuch machen.

Dieses genaue Nachdenken über die eigentlichen Fakten ist wie eine Art innerer Notbremse: Sie bereiten sich damit bestens darauf vor, bei Ihrem Chef oder Kollegen mit einer Ich-Botschaft statt mit einer „Du-Anklage" zu reagieren.

2. Schritt: Schalten Sie um auf „Ich"

„Hier müsste auch mal jemand den Toner im Kopierer wechseln ..." Was glauben Sie, wer sich bei einem solchen Ausruf angesprochen fühlt? Und wer am Ende den Toner wechseln wird? Genau: Sie selbst! Wie das kommt? „Hier müsste mal jemand" ist gleichbedeutend mit „niemand". Wenn sie von „jemand", „man" oder auch „wir" sprechen, dann ist Ihre Botschaft unscharf, verwaschen. Sie formulieren damit nicht eindeutig, wer was bis wann tun soll.

Aussagen mit „man", „wir", „Sie"	Antwort des Gesprächspartners	Gefühl des Gesprächspartners	Lösung
„Man sollte hier mal für Ordnung sorgen."	„Ja, stimmt, dann mach mal!"	Ihr Gesprächspartner fühlt sich nicht angesprochen.	„Mich stören diese leeren Pappkisten, die Sie beim Kopierer zurückgelassen haben, Herr Marx! Könnten Sie die bitte jetzt wegräumen?"
„Wir pflegen hier einen freundlichen Umgangston miteinander."	„Aber – mache ich das etwa nicht...?"	Ihr Gesprächspartner fühlt sich ausgeschlossen.	„Herr Kruse, es wäre schön, wenn Sie ‚Guten Morgen' und ‚Tschüß' sagen und nicht wortlos kommen und gehen."
„Sie sind unkonzentriert."	„Das ist doch gar nicht wahr!"	Ihr Gesprächspartner meint sich verteidigen zu müssen, fühlt sich pauschal angegriffen.	„Gestern fanden Sie sich mit der Aufgabe noch zurecht. Warum macht sie Ihnen heute Schwierigkeiten?"

Wenn Sie häufig „man" oder „wir" sagen, bauen Sie beim Gesprächspartner Blockaden auf, denn Sie beziehen andere, meist nicht Anwesende, in Ihre Aussage mit ein. Dadurch bauen Sie im Gespräch eine Wand aus allgemeinen Aussagen und Gemeinplätzen auf.

So bleibt Ihr Gespräch entspannt

Mit „Sie" bauen Sie eine Konfrontation auf und drängen Ihren Chef oder Kollegen in eine Verteidigungshaltung. Das ist genauso, als würden Sie mit dem ausgestreckten Zeigefinger auf die Person zeigen. Das ist eine unangenehme Geste, die die gleiche angreifende Wirkung hat wie ein anklagendes „Sie". Reden Sie allerdings von sich selbst, ist es so, als zeigten Sie mit dem Zeigefinger auf sich selbst. Damit ist Ihr Chef oder Kollege aus der „Schusslinie", und das Gespräch bleibt entspannter. Wenn Sie eine „Ich-Botschaft" senden, kann Ihr Gesprächspartner einlenken und nachgeben.

„Sie" greift an!	„Ich" führt zusammen!
„Sie schließen mich aus."	„Ich fühle mich übergangen."
„Sie sind unpünktlich!"	„Ich habe auf Sie gewartet."
„Sie haben ja gar keine Krawatte an."	„Ich habe den Eindruck, dass die Kollegen viel Wert auf Krawatten legen."

3. Schritt: Schildern Sie, was Sie beobachten

Sie haben jetzt alle Vorbereitungen für Ihre dreiteilige Ich-Botschaft getroffen:

1. Sie haben sich bewusst gemacht, welches Verhalten Ihres Gesprächspartners Sie geärgert, enttäuscht oder sonst negativ gestimmt hat.
2. Sie haben sich innerlich darauf eingestimmt, Ihre Aussage mit „ich" zu formulieren.

Jetzt können Sie Ihre dreiteilige Ich-Botschaft starten: Den Beginn einer guten Ich-Botschaft können Sie sich vorstellen wie einen Tatsachenbericht. Zunächst beschreiben Sie so neutral wie möglich das Verhalten des Chefs/Kollegen:

- Wie hat dieser das Problem verursacht?
- Welche Umstände sind durch ihn entstanden?

Beachten Sie, dass Sie **keinerlei Wertung** einfließen lassen! Im nächsten Schritt kommt dann Ihre persönliche Ich-Botschaft dazu (siehe 4. und 5. Schritt).

Ursprünglicher Angriff	Tatsachenbericht, der zur Ich-Botschaft führt
„Sie sagen mir nie Bescheid!"	„Sie haben mir in dieser Woche zum dritten Mal nicht Bescheid gegeben, dass ein Termin ausfällt."
„Sie haben die Unterlagen immer noch nicht geliefert."	„Ihre Unterlagen, die bis drei Uhr vorliegen sollten, fehlen."
„Sie hatten doch gesagt, dass Sie erreichbar sind!"	„Sie waren entgegen Ihrer Ankündigung fünf Stunden nicht zu erreichen. In dieser Zeit habe ich mehr als zehn Anrufer vertröstet."

Ihr Gesprächspartner soll erkennen, dass es einen vernünftigen Grund für die Kritik gibt. Deshalb gilt für Sie immer die Regel: Bleiben Sie bei den Fakten!

4. Schritt: Teilen Sie Ihre Wahrnehmungen mit

Im nächsten Schritt Ihrer dreiteiligen Ich-Botschaft machen Sie Ihrem Chef oder Kollegen deutlich, wie sich sein Verhalten emotional auf Sie auswirkt. Machen Sie aus Ihren Wahrnehmungen eine Zustandsbeschreibung:

Was hat die Situation bei Ihnen ausgelöst? Seien Sie klar und ehrlich in Ihren Äußerungen. Erfinden Sie keine Gefühle, die Sie nicht wirklich haben. Ihr Gesprächspartner wird es merken!

Geben Sie Ihren Gefühlen Worte

Ihr Gefühl	Ihre Formulierung
Angst	„Das ängstigt mich ...“ „Das bereitet mir Sorgen ...“ „Ich bin beunruhigt ...“
Ärger	„Ich ärgere mich darüber ...“ „Ich bin wütend ...“ „Es wurmt mich ...“ „Ich bin darüber verstimmt ...“
Besorgnis	„Das macht mir Kummer ...“ „Ich mache mir Sorgen ...“ „Das beunruhigt mich ...“ „Ich bin bedrückt ...“
Druck	„Das setzt mich unter Druck ...“ „Ich fühle mich gehetzt ...“
Enttäuschung	„Das enttäuscht mich ...“ „Das macht mich unzufrieden ...“ „Das betrübt mich ...“
Unverständnis	„Das verstehe ich nicht ...“ „Das irritiert mich ...“ „Ich bin verwirrt...“
Wut, Zorn	„Ich bin wütend ...“ „Das macht mich zornig ...“ „Das hinterlässt bei mir einen bitteren Nachgeschmack ...“
Zweifel	„Ich hege Zweifel ...“ „Ich kann das nicht glauben ...“ „Ich bin unsicher ...“ „Das macht mich skeptisch ...“

5. Schritt: Beschreiben Sie die Auswirkungen

Zuletzt zeigen Sie auf, welche Folgen das Verhalten des anderen für Sie oder zum Beispiel Ihre Kollegen hat. Machen Sie die Folgen dabei so deutlich wie möglich, sodass Ihr Gesprächspartner eine klare Vorstellung davon bekommt.

Tatsachenbericht	*Ihr Gefühl/Ihre Wahrnehmung und die Auswirkungen*
„Sie haben mir in dieser Woche zum dritten Mal nicht Bescheid gegeben, dass ein Termin ausfällt ...	*Das ärgert mich,* denn dadurch habe ich jedes Mal den Raum umsonst vorbereitet und Zeit für andere Arbeiten verloren."
„Ihre Unterlagen, die bis drei Uhr vorliegen sollten, fehlen ...	*Das setzt mich unter Druck,* da der Chef jetzt für das Meeting nicht ausreichend informiert ist."
„Sie waren entgegen Ihrer Ankündigung fünf Stunden nicht zu erreichen. In dieser Zeit habe ich mehr als zehn Anrufer vertröstet ...	*Das macht mich nervös,* da ich den Anrufern dann keine befriedigende Auskunft erteilen kann."

Vielleicht ist Ihrem Chef oder Kollegen gar nicht klar, welche Folgen sein Verhalten hat. Durch Ihre Äußerung in Form einer dreiteiligen „Ich-Botschaft" wird er möglicherweise erst darauf aufmerksam gemacht. So, wie Martina ihren Chef darauf aufmerksam machen kann, dass er jedes Mal unbewusst zu den Süßigkeiten greift, wenn er in sein Büro geht...

Vermeiden Sie „Ich-Fallen"

Nur weil Sie „ich" sagen, muss am Ende noch lange keine Ich-Botschaft dabei herauskommen. Achten Sie darauf, dass

Ihre Aussagen so neutral und fair sind, dass Ihr Chef oder Kollege sie nicht als Angriffe versteht. Schnell wird aus Ihrer Aussage doch ein Urteil, eine Beschuldigung, ein Vorwurf oder eine verdeckte „Du-Botschaft":

Die Aussage ...	... ist gleichbedeutend mit:	Fairer ist:
„Ich finde, dass Sie faul sind."	„Sie sind faul!"	„Ich fühle mich wohler, wenn Sie mehr Einsatz zeigen."
„Ich denke, das ist blanker Unsinn."	„Sie reden blanken Unsinn!"	„Ich kann den Sinn dessen, was Sie sagen, nicht erkennen."

Vermeiden Sie Weichmacher

„Ich bin irgendwie ein bisschen enttäuscht, dass Ihnen das manchmal etwas egal zu sein scheint." Eine solche Aussage ist verwaschen und undeutlich. Deutlicher wirkt Ihre Aussage so: *„Ich bin enttäuscht, denn ich glaube, dass Ihnen das egal ist."* Mit einer solchen Klarheit in Ihrer Sprache weiß Ihr Chef oder Kollege, worum es geht, wie wichtig es Ihnen ist und wie ernst Sie es meinen.

Ihre Stimme spiegelt Ihre Stimmung wider

Was immer Sie sagen – am wichtigsten ist dabei Ihr Tonfall. Sie können Ihre Ich-Botschaft noch so gut formulieren: Wenn Ihre Stimme dabei gereizt oder angestrengt freundlich klingt, wird Ihr Gesprächspartner die Widersprüchlichkeit sofort spüren. Umso wichtiger ist es, dass Sie tief durchatmen, um anschließend bewusst die richtige Tonlage zu wählen. Ebenso wichtig ist Ihr offener, freundlicher Blickkontakt. Auch ein kleines Lächeln kann nicht schaden. Das unterstützt die entschärfende Wirkung Ihrer Ich-Botschaft und macht diese umso glaubhafter.

Mitunter entspannt Selbstironie eine Situation:

Der Angriff Ihres Gegenübers	Bisherige Reaktion	Mit Selbstironie
„Sie haben mir die Post schon wieder eine Stunde zu spät gebracht."	„Dann sagen Sie das dem Azubi, der die Post holt."	„Tut mir leid, bei mir ist wohl noch Sommerzeit."

Wichtig ist dabei immer, dass der andere sein Gesicht nicht verliert. Versetzen Sie sich dazu einfach in seine Lage: Ihnen würde es auch nicht gefallen, wenn jemand Sie verbal bloßstellt. Trotz aller Diplomatie:

Es kann Ihnen passieren, dass eine Situation eskaliert, zum Beispiel wenn Ihr Chef oder Kollege Sie anschreit. Jetzt heißt es erst recht für Sie: Behalte die Nerven! Wenn Sie zurückschreien, wird die Situation kaum noch zu retten sein. Schalten Sie betont einen Gang zurück und lassen Sie Ihre Stimme ganz ruhig werden. Auch hier sind die Ich-Botschaften ein gutes Mittel zur Deeskalation.

Vorschnell rausgerutscht	Diplomatischer ausgedrückt
„Schreien Sie mich nicht so an!"	„Ich bin enttäuscht, dass Sie in diesem Ton mit mir sprechen."

Sollte Ihr Gesprächspartner weiter im unangemessenen Ton mit Ihnen reden, braucht er eine klare Botschaft – etwa:

- „Ich verlasse jetzt den Raum. Ich bin nicht bereit, das Gespräch in dieser Form weiterzuführen."
- „Ich fühle mich jetzt sehr unwohl. Ich möchte nicht, dass das Gespräch diese Form annimmt."
- „Ich schlage vor, wir vertagen das Gespräch, bis Sie einen Weg zurück zu einem gemäßigteren Ton finden."

Ihre Checkliste für gelungene Ich-Botschaften

Ich-Bot-schaften …	… Schritt für Schritt	Habe ich dran gedacht?
Schalten Sie um von Angriff auf Deeskalation.	· Werden Sie sich bewusst, welche Gefühle Sie gerade haben. · Machen Sie sich klar, warum Sie in welcher Situation wie reagieren. · Analysieren Sie die Fakten, die Ihre Gefühle tatsächlich ausgelöst haben.	☐ ☐ ☐
Vermeiden Sie pauschale Aussagen und schildern Sie die Fakten.	· Vermeiden Sie Aussagen mit „Sie", „man" oder „wir". · Vermeiden Sie Aussagen mit „immer" oder „nie". · Besinnen Sie sich auf die Fakten und bringen Sie diese so neutral wie möglich zur Sprache.	☐ ☐ ☐
Zeigen Sie, wie es Ihnen mit der Situation geht.	· Formulieren Sie Ihre Gefühle, die durch die vorher geschilderte Situation entstanden sind. · Übertreiben Sie nicht, bleiben Sie authentisch in Ihren Gefühlsäußerungen.	☐ ☐
Klären Sie Ihren Gesprächspartner darüber auf, welche Folgen sein Verhalten hat.	· Schildern Sie so neutral wie möglich, was die von Ihnen aufgezeigten Fakten nun für Sie und/oder andere bedeuten, sprich: welche Folgen es hat. Keine Drohungen! · Seien Sie dabei so genau wie möglich. Übertreiben Sie nicht und erfinden Sie nichts, was nicht den Tatsachen entspricht.	☐ ☐
Behalten Sie die Ruhe.	· Zeigen Sie Ihrem Gesprächspartner ein ehrlich gemeintes Lächeln. · Achten Sie auf Ihren Tonfall. · Sorgen Sie mit einer Prise Humor dafür, dass Ihr Gesprächspartner Ihre gute Absicht sofort erkennen kann. · Sollte die Situation eskalieren, behalten Sie die Oberhand, indem Sie freundlich darauf verweisen, es sei besser, das Gespräch zu vertagen oder sich im Tonfall zu mäßigen.	☐ ☐ ☐ ☐

Schlagfertigkeit perfektionieren

Wie Sie schlagfertig auf Angriffe und neue Situationen reagieren

„Jetzt stell dich mal nicht so an!" – „Da haben Sie mir nicht richtig zugehört." Und: „Mein Gott, sind Sie empfindlich!" – Solche Äußerungen können einen schon mal sprachlos machen. Solche Sprüche sind nicht nur verletzend und unhöflich, sondern behindern Sie bei Ihrer Arbeit.

Viele Sekretärinnen wünschen sich dann mehr Schlagfertigkeit – auch gegenüber Chefs und Kollegen. Doch da ist Sensibilität gefragt. Dieses Kapitel zeigt Ihnen, wie Sie auch Chefs charmant entwaffnen und souverän mit solchen Querschlägern umgehen, ohne sich im Ton zu vergreifen.

Warum Ihnen die passende Antwort oft nicht einfällt

Beispiel:

Martina sitzt wie gewohnt beim Meeting neben ihrem Chef. Plötzlich dreht dieser sich zu ihr und sagt, süffisant lächelnd: „Soso, heute mal Hosen an? Wollen Sie etwa mitreden ...?" Die Gruppe bricht in anbiederndes Gelächter aus. Martina läuft rot an – sagt aber nichts. Eine Stunde später im Aufzug kommt ihr die Antwort, die sie ihrem Chef hätte geben sollen: „Na klar, und morgen trage ich Krawatte und mache Ihren Job gleich mit!"

Mal Hand aufs Herz: Hätten Sie eine solche oder eine ähnliche Antwort gegeben, wenn die Ihnen im entscheidenden Moment eingefallen wäre ...?

Oder vielleicht so reagiert wie es Frauen häufig machen: Frauen reagieren in solchen Situationen relativ ähnlich. Einige lächeln aus Verlegenheit mit, da sie nicht wissen, wie sie sich verhalten sollen. Das ist am allerschlimmsten. Denn damit bestätigen sie die Witzbolde.

Andere sagen „Sehr witzig" mit leicht genervter und gehobener Stimme. Oder: „Darüber kann ich nun wirklich nicht lachen, hahaha." Das wirkt leicht zickig.

Oft ist man zu gehemmt, um schlagfertig zu antworten

Da geht das Problem schon los: In vielen Köpfen sind Schlagfertigkeitsverhinderungsprogramme am Werk! Wenn Sie selbst angegriffen werden, leuchten vielleicht plötzlich auch jede Menge roter Lichter in Ihrem Innern auf:

- *„Ich darf jetzt nicht frech werden, das ist doch mein Chef."*
- *„Was sollen denn die anderen denken, wenn ich mich jetzt wehre?"*
- *„Es steht mir in meiner Position nicht zu, dazu etwas zu sagen."*
- *„Das kann ich mir nicht erlauben, ich bin doch nur die Sekretärin."*

All diese roten Lichter werden Sie davon abhalten, eine passende Antwort zu geben. Denken Sie daher beim nächsten Angriff daran:

- Wenn jemand Sie unfair angreift, hat er dazu nicht mehr Recht als jeder andere auch – also ist es auch Ihr gutes Recht, sich angemessen zu wehren.
- Ihre Position im Unternehmen macht Sie nicht zum Fußabtreter der anderen. Machen Sie sich Ihre Schlüsselfunktionen bewusst; die hat niemand infrage zu stellen!

Stehen Ihnen Ihre eigenen Gefühle im Weg?

Doch neben den roten Lichtern sind Ihnen vielleicht auch noch Ihre eigenen Gefühle im Weg:

Beispiel:

Elke ahnt es schon, als ihr der Kollege aus der anderen Abteilung auf dem Gang entgegenkommt: Jetzt muss ja ein Spruch kommen! Und tatsächlich: „Na?", raunt er im Vorbeigehen. „Heute schon Kaffee gekocht?" Elke schnappt nach Luft. Sie ärgert sich und will sich verteidigen. Doch ihr kommt nur ein trotziges „Nein, heute noch nicht!" über die Lippen. Dabei würde sie ihm so gerne mal was richtig Gemeines hinterherschicken ...

Wenn Sie von Kollegen oder Ihrem Chef mit unfairen Angriffen konfrontiert werden, reagieren Sie vielleicht oft nicht so, wie Sie es gern wollen. In Ihnen selbst spult sich in dem Moment eine ganze Kette von Gefühlen ab:

* Sie haben sich schon beim Anblick der Person innerlich verspannt, weil Sie wissen, dass jetzt wieder eine unpassende Bemerkung kommen wird.
* Sie fühlen sich persönlich angegriffen und wollen sich rechtfertigen.
* Sie fühlen sich missverstanden oder falsch wahrgenommen.
* Sie wollen sich gegen Gemeinheiten wehren, die Sie aber einfach sprachlos machen.

Leider bleibt Ihnen oft die passende Antwort im Hals stecken, weil Sie von den aufwallenden Gefühlen überrollt werden. Die Gefühle selbst können Sie nur schwer verhindern, aber Sie sind schon einen wesentlich Schritt weiter, wenn Sie sich diese bewusst machen. Dann können Sie Einfluss darauf nehmen, wie Sie selbst mit Ihren Gefühlen umgehen.

Erlauben Sie sich, sich zu wehren!

Jemand, der Sie mit seiner Äußerung

- persönlich verletzt,
- vor anderen bloßstellt,
- manipulieren will oder
- sogar belästigt,

sollte von Ihnen die Antwort erhalten, die er oder sie verdient hat. Denn diese Person geht Ihnen gegenüber zu weit. Wer sagt also, dass Sie das zulassen müssen, ohne sich zu wehren?

Damit Sie die richtigen Antworten auf unfaire Angriffe finden, müssen Sie sich oft auf eine Gratwanderung einlassen.

Gerade in Ihrem Beruf sollten Sie sich darüber im Klaren sein,

- wer Sie angreift,
- was dahinterstecken könnte,
- ob das Verhalten einfach typisch für die Person ist,
- wie Ihre Position gegenüber dem Angreifer ist,
- wie viel Sie sich gefallen lassen wollen.

Entwickeln Sie ein Gespür dafür, wie viel Ihr Gegenüber „verträgt". Mit manchen Kollegen können Sie vielleicht etwas salopper umspringen als beispielsweise mit dem Chef einer anderen Abteilung.

Verlassen Sie sich auf Ihr Bauchgefühl, welche Technik Sie in welcher Situation angemessen finden!

Lernen Sie Ihre wunden Punkte kennen!

Mit am heftigsten reagieren Sie wahrscheinlich auf Angriffe, bei denen ein wunder Punkt getroffen wurde:

Der Angriff	Ihr wunder Punkt	Eine typische Reaktion
„Sie haben ja schon wieder eine Laufmasche!"	Sie ärgern sich über sich selbst, weil Sie mal wieder mit einer hektischen Bewegung den Schaden selbst herbeigeführt oder mal wieder nicht an die Ersatzstrümpfe gedacht haben.	Sie erröten, weil es Ihnen unangenehm ist. Oder Sie rechtfertigen sich aufwändig: „Ach, ich habe mal wieder nicht aufgepasst, als ..."
„Jetzt stellen Sie sich mal nicht so mädchenhaft an."	Sie haben das Gefühl, dass Ihre Argumente wegen Ihres Geschlechts nicht für voll genommen werden.	Sie reagieren zu scharf oder sogar beleidigt.
„Ihnen sage ich das nicht, Sie sind doch nur die Sekretärin."	Sie haben das Gefühl, wieder nicht korrekt wahrgenommen zu werden.	Sie werden wütend darüber, herabgewürdigt worden zu sein, und finden keine passende Erwiderung. Oder Sie reagieren genervt: „Dann eben nicht!"

Wenn Sie an Ihrem wunden Punkt getroffen werden, reagieren Sie reflexartig:

Der Sekada♣-Tipp: Machen Sie sich bewusst: Jede vermeintlich schlechte Eigenschaft hat ihre guten Seiten!

Ihre vermeintlich schlechte Eigenschaft	Die gute Seite daran
Sie seien eher schüchtern.	So treten Sie niemandem vorschnell auf die Füße.
Ärger Sie seien manchmal etwas vorlaut.	So weiß jeder, woran er bei Ihnen ist.

Ihre Reaktion	Angriff	Ihre Antwort	Wirkung beim Gegenüber
Sie entschuldigen sich wortreich.	„Der Brief ist ja immer noch nicht fertig!"	„Tut mit leid, ich hatte gerade noch drei Telefonate und außerdem musste ich noch ein anderes Projekt erledigen, und der Kopierer ist kaputt."	Sie wollten sich herausreden.
Sie rechtfertigen sich.		„Hier stürzt immer alles auf mich ein!"	Sie seien wohl überfordert.
Sie schweigen betroffen.		–	Sie seien eine graue Maus.
Sie reagieren vielleicht sogar genervt.		„Herrje, ich kann nicht zaubern!"	Sie seien unsachlich.

Wohl fühlen Sie sich bei all Ihren Reaktionen sicherlich nicht. Aber für einen nächsten Angriff dieser Art können Sie sich wappnen! Überlegen Sie sich dazu mal, wie Ihre wunden Punkte aussehen:

- Wann reagieren Sie besonders heftig auf Bemerkungen anderer?
- Gibt es Eigenschaften an Ihnen, die Sie selbst stören?
- Gibt es Äußerlichkeiten an Ihnen, die Ihnen selbst nicht gefallen?
- Gibt es fachliche Schwächen, die Sie gerne ausbessern würden?

Wenn Sie sich im Klaren sind, wo Ihre wunden Punkte liegen, können Sie auf entsprechende Angriffe besser reagieren.

Und jetzt Sie:

Welche vermeintlich schlechten Eigenschaften/Angewohnheiten haben Sie?	Was ist das Gute daran? Welche Vorteile ergeben sich daraus?
…	…
…	…
…	…

Wenn Ihnen selbst zu einer bestimmten Eigenschaft nichts Positives einfällt, fragen Sie jemand anderen: „Was ist das Gute an …?" Sie werden sehen, es findet sich immer etwas Positives.

Machen Sie Schluss mit Rechtfertigungen!

Mit diesem Umdenken sind Sie besser gewappnet, wenn Sie wieder jemand an Ihrem wunden Punkt erwischt. Sie können dann einfach darüber stehen und unerwartet oder sogar übertrieben zustimmen. Oft geht ein Angreifer davon aus, dass seine Bemerkung den anderen wurmt.

Wenn Sie **unerwartet zustimmen**, nehmen Sie dem Angreifer sozusagen die Angriffsfläche weg. Das hat meist einen sehr verblüffenden Effekt. Mit einer **übertriebenen Zustimmung** bringen Sie auch noch ein Augenzwinkern hinein. Damit rechnet Ihr Gegenüber sicher nicht!

Mit solchen Antworten zeigen Sie, dass

* Sie Ihre eigenen Schwächen kennen und damit gut leben können,
* Sie über sich selbst lachen können,
* Sie sich nicht von anderen direkt oder indirekt sagen las-

sen wollen, wie Sie in deren Augen besser sein sollten,
- Sie selbstbewusst zu sich und Ihren Aufgaben stehen.

Der Angriff	Die Technik	Ihre Antwort in Zukunft
„Na, heute schon Kaffee gekocht?"	unerwartete Zustimmung mit Frage	„Selbstverständlich! Möchten Sie auch einen?"
„Sie haben ganz schön zugenommen im Urlaub!"	unerwartete oder übertriebene Zustimmung	„Stimmt, gut beobachtet!" Oder: „Na klar, mein Urlaubsgeld wurde mir in Lebensmitteln ausgezahlt!"
„Sie haben ja schon wieder eine Laufmasche!"	übertriebene Zustimmung	„Richtig, und gestern hatte ich sogar zwei!"
Kurz vor Feierabend: „Sie sehen aber müde aus!"	übertriebene Zustimmung	„Sie hätten mich mal heute Morgen sehen müssen!"

Ganz wichtig: Liefern Sie auch nach Ihrer Zustimmung **keine weiteren Rechtfertigungen**. Das würde die Wirkung massiv schwächen.

Diese Techniken funktionieren natürlich nur dann, wenn das, was Ihnen vorgeworfen wurde, auch stimmt.

Wehren Sie sich gegen „falsche Fakten"

Es gibt Situationen, in denen Sie einem Angriff nicht zustimmen können. Das ist natürlich vor allem dann der Fall, wenn der Angriff jeder Grundlage entbehrt, sprich: Ihr Gegenüber stellt eine Behauptung auf, die schlicht falsch ist.

Beispiel:

> Barbara arbeitet bereits seit vier Stunden an einer Prä-
> sentation und ist fast fertig. Für einen kleinen Moment
> lehnt sie sich im Bürostuhl zurück und schließt kurz die
> Augen, die mittlerweile müde geworden sind. Genau in
> diesem Moment platzt der Chef einer anderen Abteilung
> herein. „Sie haben es ja gut hier! Meine Sekretärin ist
> wenigstens ausgelastet!" Barbara stammelt: „Aber – ich
> arbeite doch! Ich habe gerade nur mal kurz Pause ge-
> macht!" Jetzt ärgert sie sich erst recht: Wieso rechtfertigte
> sie sich überhaupt? Leider zu spät ...

Wenn jemand Sie angreift mit einer Bemerkung, die nicht
den Tatsachen entspricht, ist es besonders wichtig, dass Sie
selbstbewusst und mit deutlichen Worten reagieren. Das
geht am besten, indem Sie den Angriff glasklar richtigstellen. Diese Technik setzt sich aus zwei Schritten zusammen:

1. Bewerten Sie den Vorwurf mit einer deutlichen Formulierung, zum Beispiel mit „Im Gegenteil", „Das ist
   falsch" oder „Sie täuschen sich". Wichtig: Gehen Sie
   am Ende dieser Bewertung mit der Stimme nach unten.
2. Stellen Sie die „falschen Fakten" mit klaren und knap-
   pen Worten richtig.

Der Angriff	Die Technik	Ihre Antwort in Zukunft
„Sie haben wohl nichts zu tun?"	glasklar rich-tigstellen	„Sie täuschen sich. Ich arbeite heu-te schon seit 7 Uhr morgens."
„Sie geht das nichts an, sondern nur Ihren Chef."	glasklar rich-tigstellen mit Fakten	„Sie täuschen sich. Das geht mich sehr wohl etwas an. Mein Chef hat mich legitimiert."
„Haben Sie nichts Besseres zu tun?"	glasklar rich-tigstellen mit Ablenkungs-frage	„Im Gegenteil. Diese Aufgabe hat höchste Priorität. Bis wann kann ich heute Ihre Unterlagen erwar-ten?"

Sehr wichtig ist, dass Sie

- die Worte mit fester Stimme aussprechen,
- Blickkontakt halten,
- Ihre eventuell vor Wut zittrigen Hände unter Kontrolle halten (legen Sie sie gegebenenfalls ineinander) und
- eine aufrechte Haltung einnehmen.

Damit zeigen Sie Selbstbewusstsein und dass Sie ganz klar eine andere Meinung als Ihr Gegenüber vertreten. Wenn Sie dem anderen anschließend den Blickkontakt entziehen, signalisieren Sie deutlich, dass die Sache für Sie damit erledigt ist.

Die Ablenkungsfrage hilft, das Thema zu wechseln und damit vom vorherigen Angriff abzulenken.

Wie Sie Zeit gewinnen und beim Thema bleiben

Manche Situationen erfordern es, dass Sie Ihren Angreifer nicht einfach nur abblitzen lassen. In Meetings oder Gesprächen mit mehreren Beteiligten wird es Ihr Ziel sein müssen, im Gespräch zu bleiben. Da brauchen Sie Strategien, mit denen Sie erst mal Zeit gewinnen. Eine sehr hilfreiche Technik ist hierbei, mit einer **Rückfrage** zu reagieren.

Die Rückfrage hat den positiven Effekt, dass der andere jetzt erst mal antworten muss.

Dadurch

- gewinnen Sie Zeit,
- werden ruhiger, da der Fokus zunächst auf die andere Person gelenkt ist, und
- bringen das Gespräch auf die Sachebene zurück – also auf das, worum es eigentlich geht.

Der Angriff	Die Technik	Ihre Antwort in Zukunft
„Sie sind doch hier nur die Tippse!"	Rückfrage nach Definition	„Was verstehen Sie unter Tippse?"
„Ihre Kollegin kann das aber viel schneller."	Rückfrage nach Definition oder Rückfrage nach Fakten	„Was meinen Sie mit schnell?" Oder: „Wann genau brauchen Sie die Präsentation?"
„Schicke Schuhe – aber nicht fürs Büro!"	Rückfrage nach Lösung	„Welche Schuhe wären Ihrer Meinung nach denn besser geeignet?"
„Wann ist der Brief denn endlich fertig?"	Rückfrage nach Lösung bzw. Fakten	„Bis wann genau brauchen Sie den Brief?"
„Jetzt haben Sie den Konferenzraum wieder falsch eingedeckt."	Rückfrage nach Lösung	„Was meinen Sie mit falsch? Was genau kann ich in Zukunft besser machen?"

Blicken Sie nach vorn!

Es dauert länger, wenn Sie auf einen Vorwurf mit Rechtfertigungen reagieren und Begründungen aneinanderreihen. Das fühlt sich auch für Sie selbst nicht gut an. Und Sie drehen sich mit Ihrer Antwort nur um das Problem und nicht um die Lösung.

Auch eine Lösung, die erst in der Zukunft eintritt, ist in den Ohren Ihres Gegenübers eine Lösung. Daher eignet sich die Technik **Lösung in der Zukunft** sehr gut, um Ihrem Gegenüber den Wind aus den Segeln zu nehmen.

Der Angriff	Die Technik	Ihre Antwort in Zukunft
„Die Unterlagen liegen ja immer noch nicht vor!"	Lösung in der Zukunft	„Sie haben sie in zehn Minuten auf dem Tisch."
„Sie sind nicht konfliktfähig."	Lösung in der Zukunft	„Ich werde mich in Zukunft über diesen Punkt nicht mehr aufregen."

Wichtig bei dieser Technik: Machen Sie keine Versprechungen, die Sie nicht halten können!

Kommen Sie auf den Kern des Gesprächs zurück!

Wenn ein Gespräch plötzlich emotional wird, sollten Sie stets versuchen, auf das eigentliche Thema zurückzukommen. Falsch wäre es, die Emotionalität hochzuschaukeln. Damit kommen Sie nicht weiter.

Beispiel:

Bettina hat Probleme mit dem Beamer, der das Laptopbild partout nicht zeigen will. Ihr Chef wird ungeduldig: „Man! Frauen und Technik! Typisch!" Bettina reagiert sofort emotional auf seine Ungeduld: „Dann machen Sie es doch! An mir liegt das hier gerade nicht!" Anschließend bleibt während des gesamten Meetings die Stimmung angespannt ...

Bettina hat auf die emotionale Seite des Angriffs reagiert. Besser wäre es gewesen, sie hätte sich auf die rein sachliche Ebene konzentriert. Dann hätte sie antworten können:

- *„Ich habe tatsächlich gerade ein Problem. Kennt jemand die Tastenkombination, damit der Beamer das Signal findet?"*
- *„Ich habe das gleich gelöst. Vielleicht nehmen Sie sich schnell noch einen Kaffee, dann kann es losgehen."*

Die Chance, dass das Meeting anschließend entspannter abläuft, ist jetzt natürlich wesentlich größer. Eine elegante Möglichkeit ist auch die Technik des **übergeordneten Ziels.**

Der Angriff	Die Technik	Ihre Antwort in Zukunft
„Sie haben die Strukturen hier noch nicht durchschaut."	übergeordnetes Ziel	„Das ist nicht das Entscheidende. Wichtig ist, dass ..."
„Arbeiten Sie doch mal an Ihrer Ausstrahlung!"	übergeordnetes Ziel	„Meine Ausstrahlung ist nicht das Entscheidende. Im Moment zählt nur, dass ..."

Bewahren Sie Haltung!

Grundsätzlich gilt: Je verschnupfter, humorloser oder verbissener Sie auf einen Angriff reagieren, umso mehr hat der andere etwas von seinem Angriff gehabt: Er hat Sie getroffen – und Sie zeigen es ihm deutlich! Machen Sie sich bewusst: Manche Angriffe sind gar nicht als solche gedacht.

Viele Bemerkungen Ihnen gegenüber basieren auf
- Unüberlegtheit des Angreifers, der gar nicht merkt, dass er gerade jemanden verletzt,
- schlechter Laune, die Ihr Gegenüber an Ihnen auslässt,
- Mangel an Sozialkompetenz,
- Selbstüberschätzung.

Behalten Sie Ihren Humor!

Machen Sie sich grundsätzlich klar, dass nicht Sie als Person angegriffen werden. Meistens liegt der Kern vieler unfairer Bemerkungen in der Sache selbst oder in den Problemen des anderen. Da hilft es Ihnen am besten, mit Humor oder zumindest einem Augenzwinkern zu reagieren. Eine einfache Methode ist daher bei Angriffen und schrägen Bemerkungen die folgende:

- Lächeln Sie die Person freundlich an,
- gehen Sie auf den Angriff gar nicht ein und
- wechseln Sie das Thema.

Erkennen Sie Manipulationen!

Manche Bemerkungen wirken manipulierend auf andere. Wenn man Ihnen solche Sprüche sagt, sollten Sie hellhörig werden:

Die Bemerkung	Die Manipulation, die Sie dahinter vermuten könnten
„Das bilden Sie sich nur ein."	Sie stehen jetzt da, als hätten nur Sie die falsche Wahrnehmung, die anderen aber nicht.
„Das habe ich so nicht gesagt."	Jetzt sieht es so aus, als ob Sie der anderen Person die Worte im Mund umdrehen wollten.
Angesichts eines aufgeräumten Schreibtisches: „Na, nicht viel zu tun?"	Hier stülpt Ihnen jemand seine Wertvorstellung über, dass nur ein unaufgeräumter Schreibtisch großen Arbeitseinsatz beweise.
„Ich helfe dir ja sonst auch immer."	Sie werden unter Druck gesetzt und in Zugzwang gebracht.
„Wenn ich weiß, dass du das machst, dann kann ich mich darauf verlassen, dass das auch erledigt wird."	Sie sollen eingelullt werden. Man versucht, Sie mit Schmeicheln zu überzeugen.

Gefühl dafür, ob es sich wirklich um eine solche Beeinflussung handelt oder ob Sie das nur in eine Bemerkung hineininterpretieren. Überlegen Sie sich jetzt einmal, mit welcher Technik Sie in den genannten Beispielen reagieren könnten:

- Unerwartet oder sogar übertrieben zustimmen?
- Rückfragen stellen?
- Eine Lösung in der Zukunft anbieten?
- Ein übergeordnetes Ziel benennen?

Gibt es Techniken, die Ihnen besonders liegen oder gefallen? Versuchen Sie es zunächst damit – später wagen Sie sich an weitere Techniken heran. Ihr Mut wächst mit jedem Versuch.

Zeigen Sie Grenzen auf, wenn jemand zu weit geht!

Es gibt Bemerkungen oder Angriffe, die ganz klar zu weit gehen. Diskriminierung oder sogar sexuelle Belästigung am Arbeitsplatz sind keine Kavaliersdelikte. Es wäre durch nichts gerechtfertigt, dass Sie sich solche Angriffe gefallen lassen. Und genau das sagen Sie dann auch!

Grenzwertige Angriffe	So können Sie galant reagieren	Oder Sie zeigen die Grenzen auf
„Sie wissen doch nichts vom Leben."	„Im Gegenteil. Ich bin bestens informiert."	„Das ist nicht der Ton, den wir hier gewohnt sind."
Augenzwinkernd, mit Blick auf Brusthöhe: „Na, ist dir kalt?"	„Aber hallo, kannst du bitte mal dem Hausmeister wegen der Heizung Bescheid sagen…?"	„Tut mir leid, aber solche Bemerkungen gehören hier nicht hin."

Bereiten Sie sich auf die immer gleichen Angriffe vor!

Schlagfertige oder spritzige Antworten sind oft eine Frage der guten Vorbereitung. Das klingt erst mal paradox. Aber gerade in Ihrem Beruf als Sekretärin werden Sie sicherlich häufig mit Klischees konfrontiert – und das ist nur ein Beispiel für immer wiederkehrende Angriffe.

Um für das nächste Mal vorbereitet zu sein, sammeln Sie ab sofort derartige Bemerkungen und unfaire Angriffe. Hier ein paar Beispiele:

● „Sie sind zu unerfahren, um das zu verstehen."
● „Kümmern Sie sich lieber um Ihre Angelegenheiten."
● „Na, Sie sind ja auch nicht gerade schlank!"
● „Sie haben ja schon wieder dasselbe an."
● „Typisch Frau!"
● „Schicker Ausschnitt!"
● „Frauen und Technik!"
● „Jetzt werde mal nicht gleich hysterisch!"
● „Na, haben Sie den Witz nicht verstanden?"

Schlagfertig werden Sie durch Übung

Nehmen Sie sich oben stehende Beispiele oder Ihre eigenen zur Hand – und üben Sie jetzt:

● Legen Sie sich die Techniken aus diesem Kapitel zurecht: unerwartet zustimmen, glasklar richtigstellen, rückfragen, Lösung in der Zukunft, übergeordnetes Ziel.
● Lassen Sie sich von einer Freundin oder Kollegin mit Ihren gesammelten Sprüchen angreifen.
● Reagieren Sie mit einer passenden Technik.
● Lassen Sie sich von Ihrem Gegenüber beurteilen: Kam das überzeugend/selbstbewusst zurück?
● Je öfter Sie üben, desto leichter werden Ihnen die Antworten fallen. Also nutzen Sie jede Gelegenheit!

Neinsagen

6 Tipps wie Sie eindeutig Nein sagen – und sich gut dabei fühlen können

Fällt es Ihnen schwer, Nein zu sagen, wenn jemand Sie um etwas bittet? Stapelt sich daher die Arbeit auf Ihrem Schreibtisch, weil Sie zu oft Ja sagen? Vermutlich ist das „Nicht-Nein-sagen-können" im Sekretariat der Top-Zeitkiller. Und haben sich die Kollegen einmal daran gewöhnt, dass Sie außerordentlich hilfsbereit sind, dreht sich die Spirale immer schneller. Die Belastung und der Druck nehmen zu – immer mehr Arbeit landet auf Ihrem Schreibtisch, und das „Kannst du mal eben ..." wird für die Kollegen zur Gewohnheit.

Wie Sie gegenüber Ihren Kollegen, aber auch gegenüber Ihrem Chef eindeutig und wertschätzend Nein sagen können, lernen Sie mit den folgenden 6 Tipps.

Wenn Sie Ja sagen, stehlen Sie sich selbst die Zeit

Beispiel:

Der Schreibtisch von Claudia biegt sich, der Blick auf die Uhr lässt sie aufstöhnen: „Das schaffe ich kaum bis heute Nachmittag – das mit dem Kinoabend wird eng ..." In dem Moment kommt ihre Kollegin herein: „Ich bin total unter Druck, mein Chef dreht gerade durch: Ich brauche dringend deine Hilfe, bitte lass mich jetzt nicht hängen!" Claudia spürt, wie sich alles in ihr zusammenzieht. Sie denkt: „Nein, das geht jetzt gar nicht. Ich habe meinen eigenen Chef, der mich unter Druck setzt." Laut hört Claudia sich selbst mit einem Seufzen sagen: „Was brauchst du denn von mir ...?"

Sicherlich kennen Sie das: Sie haben das Nein im Kopf, aber über Ihre Lippen kommt ein gequältes „Na gut, wenn's denn sein muss". Im Nachhinein ärgern Sie sich dann darüber, schon wieder eine Aufgabe angenommen zu haben, die Sie gar nicht machen wollten.

Gründe, warum Sie sich ein Nein nicht zugestehen

Dass Sie sich trotz Ihres Widerwillens oft ein Nein verkneifen, kann verschiedene Gründe haben. Vielleicht wünschen Sie sich, mit Ihrem Ja ...

- ... Ihr Gefühl zu vertiefen, gebraucht zu werden, wahrscheinlich sogar unersetzlich für andere zu werden,
- ... zu zeigen, dass Sie alles können, was man von Ihnen verlangt,
- ... von den Kollegen oder Ihrem Chef für Ihren Fleiß belohnt zu werden.

Doch Vorsicht, Falle! Wenn Sie immer Ja sagen,

- verlassen sich irgendwann alle darauf, dass Sie immer parat stehen,
- wird Ihre Hilfe so selbstverständlich, dass sie nicht mehr hinterfragt wird.

Wenn dieser Punkt erreicht ist, wird es Ihnen immer schwerer fallen, Nein zu sagen. Darüber hinaus kann ein vorschnelles Ja Sie in weitere Schwierigkeiten bringen:

- Sie verlieren Zeit für andere wichtige Aufgaben. Außerdem gehen Zeitprobleme natürlich auch oft auf Kosten Ihres Privatlebens – denn Sie werden Überstunden machen müssen.
- Sie müssen Prioritäten neu setzen, nicht selten auf Kosten anderer Projekte oder Personen.
- Sie nehmen anderen Kollegen die Verantwortung ab, sodass diese selbst gar nicht erst eigene Lösungen finden müssen.

- Sie ärgern sich über sich selbst, wieder nachgegeben zu haben.
- Sie bekommen das Gefühl, ausgenutzt zu werden, fühlen sich vielleicht sogar als Opfer.

Schließlich werden nicht nur Sie unter Ihrer Arbeitsüberlastung leiden, sondern auch Ihre Kollegen und Ihr Chef, denn diese bekommen Ihre Unzufriedenheit früher oder später zu spüren.

Der Sekada♣-Tipp: Vielleicht sind Sie ja beliebt wegen Ihrer großen Hilfsbereitschaft. Doch Vorsicht: Jasager werden häufig nicht ernst genommen und gelegentlich ausgenutzt! Andere Menschen bringen ihnen auch schon mal wenig Respekt entgegen. Die andere Person rechnet fest damit, dass Sie ihr alles abnehmen – mit „mögen" hat das überhaupt nichts zu tun.

Erkennen Sie die Tricks der anderen

Ihr Chef oder Ihre Kollegen haben mitunter wirksame Tricks auf Lager, um Sie dazu zu bringen, eine Aufgabe zu übernehmen oder einer Bitte zu entsprechen. Damit fühlen Sie sich schnell in die Enge getrieben und sagen doch Ja, obwohl Sie schon das Nein in Ihrem Kopf hören.

Der Trick	So hört der/die andere sich an
Schmollen	*„Schade, ich dachte, ich könnte mich auf Sie verlassen."*
Schmeicheln	*„Sie sind einfach unschlagbar. Das kriegen Sie doch locker hin!"*
Überrumpeln	*„Machen Sie das jetzt mal schnell, ich muss sofort weg!"*
dem anderen ein schlechtes Gewissen einreden	*„Wie soll ich das jetzt meinem Kollegen klarmachen, dass es an Ihnen scheitert?"*

Der Trick	So hört der/die andere sich an
Druck weitergeben	„Ich schaffe das nicht, Sie müssen mir da jetzt helfen, sonst kriege ich einen riesigen Ärger."
Erpressung	„Wenn das nicht bis … fertig ist, können Sie Ihr verlängertes Wochenende vergessen."
Mitleid auslösen	„Mir geht es heute so mies, ich kann einfach nicht mehr, ich bin völlig fertig."

Wenn Sie erkennen, mit welcher „Masche" Ihr Kollege oder Ihr Chef Sie „herumkriegen" möchte, sind Sie schon einen wesentlichen Schritt weiter auf dem Weg zu Ihrem Nein. Es ist wichtig, dass Sie nicht immer auf den gleichen Trick hereinfallen. Machen Sie sich deshalb die Mechanismen klar, die jedes Mal ablaufen.

Sagen Sie nicht so lange Ja, bis Sie überreagieren

Kennen Sie folgende oder ähnliche Sätze aus Ihrem Mund?

* *„Sie sehen doch, dass ich gerade viel zu tun habe!"*
* *„Das kann ich doch jetzt nicht auch noch machen!"*
* *„Ich möchte auch mal pünktlich Feierabend machen, aber nein …"*

Diese vorwurfsvollen Reaktionen entstehen dann, wenn Sie im Vorfeld zu oft Ja gesagt haben – trotz Bauchgrummelns – und sich urplötzlich Ihrer eigenen Überforderung gegenübersehen.

Es macht Sie nicht egoistisch, sondern ist einfach nur ehrlich und vernünftig, wenn Sie mit einem Nein im richtigen Moment Ihre eigenen Aufgaben im Blick behalten. Lassen Sie also das Fass nicht überlaufen, sondern signalisieren Sie rechtzeitig: „Bis hierher und nicht weiter!" Kurz: Sagen Sie Nein!

Wenn Sie Nein sagen, gewinnen Sie Respekt

Die Angst vor der Reaktion des Gegenübers kann vielfältig sein. Sie haben vielleicht Angst, mit einem Nein ...

- ... vom Gegenüber abgelehnt zu werden,
- ... schuld daran zu sein, dass der andere verletzt, enttäuscht oder verärgert ist,
- ... eine aggressive Reaktion des anderen zu erzeugen,
- ... Konsequenzen heraufzubeschwören, die für Sie unangenehm werden könnten,
- ... als egoistisch dazustehen, vielleicht sogar als herzlos und unkollegial,
- ... etwas Wichtiges zu versäumen, eine spannende Aufgabe oder eine Chance zu verpassen,
- ... das Recht zu verwirken, auch einmal Hilfe in Anspruch zu nehmen.

Gegen solche blockierenden Gedanken können Sie mit diesen Überlegungen angehen:

- Wenn jemand Sie nur mag, weil Sie immer Ja sagen, ist der Preis zu hoch für Sie: Ertragen Sie es, wenn Sie auch mal abgelehnt werden!
- Sie haben das Recht, Ihre Wünsche zu äußern – auch Sie müssen mit den Wünschen anderer leben.
- Sie sind kein Egoist, wenn Sie etwas ablehnen – denn wie egoistisch ist jemand, der Ihnen Arbeit aufdrückt, die er vielleicht selbst tun oder anders erledigen lassen könnte?
- Sie können ein Gespräch jederzeit abbrechen, wenn es unsachlich oder verletzend wird – das brauchen Sie sich nicht gefallen zu lassen.

Sie wirken verlässlich – auch mit einem Nein!

Sie möchten besonders von Ihren Chef und auch Ihren Kollegen wahrgenommen werden als

- vertrauenswürdig,
- verlässlich,
- fair.

Wenn Sie Ihre Aufgaben aus Zeitnot nicht mehr schaffen, weil Sie zu oft Ja gesagt haben, sind nicht nur Sie von sich selbst enttäuscht, sondern auch Ihr Chef und die Kollegen. Und diese Enttäuschung kann größer sein, als wenn Sie von vornherein gleich Nein gesagt hätten. Machen Sie lieber eine Sache gut als drei schlecht.

Erkennen Sie, wann ein Nein nötig ist!

Vielleicht drehen Sie sich ja mit Ihrer Arbeit wie im Hamsterrad und machen sich Ihre permanente Überarbeitung und Ihren Zeitdruck gar nicht mehr bewusst. Beobachten Sie sich selbst:

- Bin ich nervös, abgespannt, übermüdet?
- Werde ich schnell aggressiv, bin ich launisch oder depressiv?
- Finde ich auch nach Feierabend keine innere Ruhe?

Das alles können Anzeichen für Überarbeitung und Überlastung sein. Sie sollten anfangen, Grenzen zu ziehen. Ein Weg ist der, dass Sie öfter Nein sagen.

Erkennen Sie Ihre Grenzen!

Jasager werden gerne belächelt und nicht ernst genommen, denn Sie hinterlassen beim Gegenüber schnell das Gefühl, man könne mit ihnen machen, was man will. Dabei haben sie genauso das Recht, ungestört zu arbeiten, wie alle anderen.

Das sind Ihre Vorteile, wenn Sie rechtzeitig Nein sagen:

- Sie gewinnen Zeit.
- Sie ziehen Grenzen für sich selbst und deutlich erkennbar für andere.

- Sie tun etwas für Ihr Selbstbewusstsein.
- Sie gewinnen den Respekt der anderen, weil Sie eine klare Linie zeigen.
- Sie können sich voll und ganz auf Ihre eigentlichen Aufgaben konzentrieren und kommen so zu besseren Ergebnissen, die Sie letztlich zufriedener machen.

Konsequenzen, wenn Sie schon wieder Ja sagen

Haben Sie Angst vor den Konsequenzen, wenn Sie Nein sagen? Sie sollten mal über die Konsequenzen nachdenken, wenn Sie schon wieder Ja sagen:

- Sie verzetteln sich angesichts der neuen Aufgabe – das wird Ihren Chef beispielsweise erst recht unzufrieden machen.
- Sie stellen Ihre eigenen Bedürfnisse für den Egoismus eines anderen zurück.
- Sie weichen einem möglichen Konflikt aus und ärgern sich dann vor allem über sich selbst, wieder Ja gesagt zu haben.

Erlauben Sie sich das Nein!

Erlauben Sie sich das Nein – Ihr Gegenüber wird damit besser umgehen, als Sie befürchten. Dazu brauchen Sie sich nur mal selbst zu beobachten:

- Wie reagiere ich selbst auf ein Nein einer anderen Person?
- Kann ich ein Nein akzeptieren?
- Neige ich selbst dazu, andere umstimmen zu wollen?
- Fühle ich mich verletzt oder bin ich beleidigt?
- Kann ich mit der Enttäuschung umgehen?
- Suche ich selbst nach Alternativen?

Wenn Sie erkennen, wie Sie selbst auf ein Nein reagieren, können Sie sich leichter in Ihr Gegenüber hineindenken, zu dem Sie Nein sagen wollen. Wahrscheinlich fällt es Ihnen dann leichter, sich das Recht auf Ihr Nein zu nehmen. Denn meistens reagiert Ihr Gegenüber anders, als Sie befürchten.

Mit diesen 6 Tipps sagen Sie bestimmt aber höflich Nein

1. Tipp: Bewahren Sie Ruhe und Haltung

Oft rutscht Ihnen ein Ja über die Lippen, weil Sie vorschnell geantwortet haben. Wenn jemand Sie um etwas bittet, analysieren Sie kurz die Situation:

- Wer fragt Sie/spricht Sie an mit seiner Bitte/Aufgabe?
- Wie wichtig ist die Person für Sie/für Ihre Arbeit?
- Was genau wird von Ihnen erbeten/verlangt?
- Warum genau wollen Sie die Aufgabe nicht übernehmen?
- Was leidet oder muss zurückstehen, wenn Sie doch Ja sagen würden?
- Inwieweit ist die Bitte an Sie überhaupt gerechtfertigt?

Natürlich ist es ein Unterschied, ob die Bitte von Ihrem Chef, einem Kollegen aus dem Haus oder einer Kollegin aus Ihrer eigenen Abteilung kommt. Bei Ihrem Chef ist es umso wichtiger, dass Sie

- Ruhe bewahren,
- freundlich und sachlich bleiben und
- ohne Vorwürfe reagieren.

Nehmen Sie sich Zeit für eine Entscheidung!

Bevor Sie eine eindeutige Antwort geben, können Sie sich oft Bedenkzeit erbitten:

- *„Das kommt jetzt etwas plötzlich für mich. Ich gebe Ihnen in fünf Minuten Bescheid, wenn ich mir einen Überblick verschafft habe."*

- „Das kann ich Ihnen jetzt nicht sofort sagen. Bis morgen früh weiß ich, ob das bis Ende der Woche noch klappt."
- „Da muss ich erst meinen Chef fragen, ob ich die Präsentation verschieben kann."

2. Tipp: Geben Sie eine positive Botschaft

Zeigen Sie mit Ihrer Reaktion, dass Sie die gesamte – auch die versteckte – Bitte Ihres Gegenübers verstanden haben, und zwar, indem Sie zunächst den Gefühlszustand Ihres Gegenübers ansprechen. Machen Sie dabei keine vorwurfsvollen Formulierungen, sondern reden Sie von sich selbst:

Die Botschaft in der Bitte an Sie	Ihre Botschaft als Reaktion auf die Bitte
„Schade, ich dachte, ich könnte mich auf Sie verlassen."	*„Sie können sich grundsätzlich auf mich verlassen; das hat damit nichts zu tun."*
„Sie sind einfach unschlagbar, das kriegen Sie doch locker hin!"	*„Ihr Lob freut mich. Schön, dass Sie meine Arbeit schätzen."*
„Machen Sie das jetzt mal schnell, ich muss jetzt weg!"	*„Ich fühle mich im Moment überrumpelt."*
„Wie soll ich das jetzt meinem Kollegen klarmachen, dass es an Ihnen scheitert?"	*„Ich bin sicher, dass Sie eine Lösung finden – auch wenn ich Ihnen diesmal nicht helfen kann."*
„Ich schaffe das nicht, Sie müssen mir da jetzt helfen, sonst kriege ich einen riesigen Ärger."	*„Ich kann verstehen, dass Sie unter Druck sind."*
„Wenn das nicht bis … fertig ist, können Sie Ihr verlängertes Wochenende vergessen."	*„Ich bin sicher, dass sich eine Alternative findet, damit wir alle zufrieden sind."*

Mit diesen positiven Botschaften geht es darum, dass Sie

- Verständnis für die Situation des anderen zeigen,
- sich bedanken für das Ihnen entgegengebrachte Vertrauen,
- Mut machen, dass es eine Lösung geben wird.

3. Tipp: Sagen Sie Nein – klar und deutlich!

Hinter weichen Formulierungen, die Ihr Nein schwammig und dehnbar machen, steckt oft der Wunsch, dass Ihr Gegenüber schon merken wird, dass Sie lieber einen Rückzieher machen möchten.

Doch damit bieten Sie eine große Angriffsfläche, was Ihren Kollegen oder Chef darin bestätigen wird, einfach weiter nachzubohren mit der eigenen Bitte – sie wird schon nachgeben ...

Formulieren Sie starke Absagen!

Welche der folgenden Formulierungen hören Sie von sich selbst häufiger?

Schwach formuliert	Stark fomuliert
„Das möchte ich jetzt lieber nicht tun."	„Nein, das kann ich jetzt leider nicht tun."
„Eigentlich schaffe ich das nicht."	„Tut mir leid, das schaffe ich nicht."
„Ich habe eher keine Zeit dafür."	„Ich habe keine Zeit dafür."

Wenn Sie mit einem deutlichen Nein reagieren – ohne Weichmacher wie „vielleicht" oder „eigentlich" –, dann geben Sie eine klare Botschaft ab: *„Ich bin mir sicher, dass ich das nicht tun werde, und stehe dazu."*

Wichtig dabei: Halten Sie, während Sie Nein sagen, freundlichen, aber sicheren Blickkontakt mit Ihrem Gegenüber. Das verleiht Ihrer Aussage mehr Festigkeit und zeigt dem anderen, dass Sie selbstbewusst zu Ihrer Aussage stehen.

Legen Sie sich ein dickeres Fell zu!

Zeigen Sie auch hierbei wieder Verständnis, indem Sie auf diese Botschaften mit den passenden positiven Worten reagieren. Lassen Sie sich nicht alles gefallen: Entwickeln Sie ein dickes Fell gegen den Ärger mit den anderen. Halten Sie solche indirekten Vorwürfe aus, ohne sie Ihrem Gegenüber anzulasten.

4. Tipp: Nennen Sie Ihren Grund

Das ist ein ganz entscheidender Punkt: Wenn Sie Nein gesagt haben, sollte sofort der Grund für Ihre Absage kommen. Dabei ist es besonders wichtig, dass Sie

- sich nicht rechtfertigen und
- sich nicht in Ausreden flüchten.

Bleiben Sie sachlich, nennen Sie Fakten!

Machen Sie dabei deutlich, dass Ihr Nein nicht gegen Ihren Kollegen oder Chef gerichtet ist, sondern nachvollziehbare, sachliche Gründe dafür sprechen. Vor allem, wenn die Bitte von Ihrem Chef kommt, ist die gute Begründung Ihres Neins besonders wichtig. Analysieren Sie,

- warum die Aufgabe von Ihnen nicht jetzt zu erledigen ist,
- warum Sie damit überfordert sind oder,
- warum die Aufgabe für Sie nicht infrage kommt.

Auch bei der Formulierung Ihrer Begründung sollten Sie auf starke Aussagen zurückgreifen und auf Weichmacher verzichten:

Schwach formuliert	Stark fomuliert
„Eigentlich habe ich jetzt keine Zeit dafür."	„Leider habe ich jetzt keine Zeit, da ich noch bis um 11 Uhr xy für meinen Chef fertig haben muss."
„Ich würde jetzt eher lieber Feierabend machen."	„Ich mache gleich Feierabend."
„Ich bin schon irgendwie ausgelastet."	„Ich bin im Moment absolut ausgelastet."

Geben Sie Ihrem Gegenüber zu verstehen, dass Sie grundsätzlich hilfsbereit seien:

- *„Sonst gerne, nur gerade im Moment …"*
- *„Beim nächsten Mal mache ich das gerne, aber heute …"*
- *„Wenn Sie mir nächstes Mal früher Bescheid geben, dass Sie Unterstützung brauchen, kann ich das besser einplanen …"*
- Beim Chef: *„Wenn der Brief an xy heute noch rausgehen soll, dann kann ich das nicht machen."*

5. Tipp: Bieten Sie Alternativen an

Wenn Sie Nein sagen, sollten Sie zeigen, dass Sie Ihr Gegenüber ernst nehmen und sich in dessen Situation hineinversetzen können. Dazu bietet es sich manchmal an, eine Art Teil-Nein auszuhandeln.

Schlagen Sie beispielsweise

- einen Kompromiss,
- eine gemeinsame Lösung,
- den Verweis auf einen anderen Kollegen,
- einen Verweis auf morgen

vor.

Vielleicht können Sie ein Gegenangebot machen oder den Wunsch nach Gegenseitigkeit äußern:

- *„Wenn ich das für Sie mache, können Sie dann für mich ...?"*
- *„Gut, das kann ich übernehmen. Dafür gebe ich Ihnen jetzt ..."*
- Beim Chef: *„Gut, dann kann ich aber den Entwurf für xy erst morgen gegen 10 Uhr vorlegen."*
- Beim Chef: *„Wenn ich xy an Herrn Schmitz abgeben kann, dann mache ich das gerne noch für Sie."*

Wichtig dabei: Wenn Sie einen solchen „Deal" abschließen, bleiben Sie nachhaltig. Haken Sie freundlich nach, ob Ihr Gegenüber seinen Part Ihrer Vereinbarung einhält. Damit wirken Sie selbstbewusst und zeigen, dass Ihre Zeit kostbar und Ihr Einsatz wertvoll ist.

Machen Sie Vorschläge!

Sie können auch eine Idee liefern, wie Ihr Gegenüber oder Sie beide zusammen das Problem anders lösen könnten:

- „Ich bin mir sicher, Frau ... kann Ihnen da noch besser weiterhelfen als ich."
- „Wir teilen uns das am besten auf, dann kann ich gerne einen Part übernehmen."

Formulieren Sie Ihre Vorschläge optimistisch:

- „Sicher finden Sie in Herrn/Frau ... einen guten Ansprechpartner."
- „Ich weiß, dass ich Ihnen morgen sicherlich helfen kann."

6. Tipp: Bleiben Sie konsequent!

Wenn Sie sich grundsätzlich entschieden haben, auf bestimmte Anfragen in Zukunft mit Nein zu reagieren, dann sollten Sie ab sofort ganz konsequent dabei bleiben. Das ist dann ein deutliches Zeichen für Ihre Kollegen, dass Sie

- klare Grenzen setzen,
- Ihr Aufgabenfeld genau kennen,
- Ihre Zeit sinnvoll einteilen.

Sagen Sie einmal Ja und dann bei späterer Gelegenheit Nein, werden Sie wieder angreifbar: Die anderen werden es immer wieder versuchen, Sie doch zu bestimmten Aufgaben zu bewegen – auch wenn es gar nicht Ihre Aufgaben sind. Damit Sie wissen, wann ein Nein bei Ihnen angebracht ist und warum Sie manchmal doch noch in die Ja-Falle tappen, machen Sie einen kleinen Test:

- Bei wem fällt es Ihnen besonders schwer, Nein zu sagen? Warum?
- Welche Aufgaben genau werden häufiger an Sie herangetragen, die nicht zu Ihrem Arbeitsbereich gehören?

Machen Sie in der nächsten Zeit eine Liste,
1. welche Aufgaben an Sie herangetragen werden,
2. von wem die kommen,
3. ob Sie sie hätten zurückweisen können.

Ein Muster für Ihre Aufgabenliste

Aufgabe	… kam von	Geht ein Nein?	Was mache ich hierbei in Zukunft?
Kopien anfertigen	einem Kollegen aus einer anderen Abteilung	Ja, denn ich bin für diese Abteilung nicht zuständig	Vom Chef Rückendeckung einholen in Sachen Zuständigkeit
Die Telefone von zwei Kolleginnen sollen auf mich umgestellt werden	einer Kollegin aus dem Nachbarsekretariat	Ja, denn ich kann nicht zwei Kolleginnen gleichzeitig vertreten	Im nächsten Meeting die Vertretungsregeln ansprechen

Schauen Sie sich nun die Liste an: Bei welchen Aufgaben fällt es Ihnen leichter, sie beim nächsten Mal abzulehnen? Fangen Sie mit diesen leichteren Situationen an – üben Sie sich darin, hierbei Nein zu sagen.

Erkennen Sie Ihren Erfolg

Wenn Sie das nächste Mal Nein sagen, beobachten Sie,
* ob Ihr Gegenüber Ihr Nein für die Zukunft akzeptiert hat,
* wie sich Ihr konsequentes Verhalten auf Ihr Arbeitspensum und Ihr Zeitmanagement auswirkt,
* wie Ihre Kollegen mit Ihrem neuen Selbstbewusstsein umgehen.

Damit sich Ihr neues Verhalten positiv auf Ihr Arbeitsumfeld auswirkt, macht es Sinn, wenn Sie bestimmte Entscheidungen mit Ihrem Chef durchsprechen. Dazu sollten Sie
* Verbesserungsvorschläge für die Zukunft zusammenstellen,
* Belege und Argumente für Ihre Überlastung sammeln,
* in Zahlen belegen, was Ihre Überlastung für Ihr Unternehmen bedeutet,
* konkrete Vorschläge zusammenstellen, welche Aufgaben Sie in Zukunft gerne delegieren oder zurückweisen möchten.

Gehen Sie mit einer positiven Grundstimmung in das Gespräch – zeigen Sie vor allem die Vorteile auf, die Ihr Chef davon haben wird, wenn Sie Ihre Grenzen in Zukunft bewusster einhalten.

Sicherlich wird es Ihnen in manchen Situationen leicht, in anderen schwerer fallen, endlich mal Nein zu sagen. Aber die ersten kleinen Erfolge werden Sie in Ihrem Selbstbewusstsein stärken, in Zukunft noch konsequenter die eigenen Grenzen im Blick zu behalten – dann fällt Ihnen das nächste Nein noch leichter!

Ihre Checkliste für Ihr nächstes Nein

Ihre Vorgehens-weise ...	... im Einzelnen
Analysieren Sie Ihr eigenes Verhalten!	· Wie sind Sie früher mit dieser Bitte/dieser Person umgegangen? · Was löst die Bitte bei Ihnen aus? · Was genau stört Sie an der Bitte? · Stellt die Bitte Sie unter Stress? Wenn ja, warum?
Machen Sie sich Ihre Grenzen bewusst!	· Hand aufs Herz: Könnten Sie der Bitte überhaupt richtig entsprechen? · Gehört die Bitte in Ihren Aufgabenbereich? - Wenn nein: Wer ist zuständig? - Wenn ja: Ist es der richtige Zeitpunkt?
Sagen Sie Nein!	· Reagieren Sie ruhig und freundlich. · Zeigen Sie, dass Sie die Gefühlslage Ihres Gegenübers wahrgenommen und Verständnis dafür haben. · Nutzen Sie starke Formulierungen dafür. · Erklären Sie sachlich, warum Sie etwas ablehnen. · Schlagen Sie Alternativen vor oder fragen Sie wegen einer Gegenleistung an. · Verhalten Sie sich konsequent. Bleiben Sie bei Ihrem Nein.
Beobachten Sie die Veränderungen!	· Beobachten Sie Ihre Kollegen: Akzeptieren die Ihr konsequentes Verhalten? - Wenn nein: Analysieren Sie, ob Sie Ihr Neinsagen ausreichend begründet und die Situation Ihres Gegenübers richtig eingeschätzt haben. - Wenn ja: Wie fühlen Sie sich dabei? · Wirkt sich Ihr neues Verhalten positiv auf Ihre Arbeit aus? - Wenn nein: Haben Sie vielleicht doch noch zu oft Ja gesagt? - Wenn ja: Das ist Ihre Belohnung für Ihr neues Selbstbewusstsein!

Überzeugungstechniken

Wie Sie als Sekretärin Vorgesetzte, Mitarbeiter und Geschäftspartner überzeugen

Ärgern auch Sie sich manchmal, dass Sie andere von Ihren Ideen oder Ihrer Meinung nicht so überzeugen können, wie es Ihnen lieb wäre? Oft sind es die Kleinigkeiten, die letztendlich den Ausschlag für eine erfolgreiche Argumentation geben. Dieses Kapitel sagt Ihnen, worauf es ankommt, und erläutert in vielen Praxisbeispielen, wie Sie ab sofort noch überzeugender kommunizieren.

Die Faktoren Ihrer Überzeugungskraft

Bevor Sie sich konkret mit den Feinheiten der Sprache als Bestandteil der Kommunikation beschäftigen, sollten Sie sich kurz mit den Voraussetzungen für Ihre Überzeugungskraft auseinandersetzen.

Ihr äußeres Erscheinungsbild

Fragen Sie sich, wie Sie auf Ihre Mitmenschen wirken möchten. Kompetent, professionell, souverän, sympathisch? Dann sollten Sie dies auch auf den ersten Blick verkörpern.

Fachkompetenz

Dass Sie über Fachkompetenz verfügen, steht außer Frage. Kompetent zu sein, reicht nicht. Sie sollten auch so wirken. **Deshalb:** Denken Sie gründlich nach, bevor Sie zu einem Sachverhalt oder einer Frage Stellung beziehen.

Verständlichkeit

Nicht alle Menschen sind in der Lage, sich verständlich auszudrücken. Das hat nichts mit mangelnder Intelligenz zu tun, sondern eher mit hoher Intelligenz. Sicher haben

Sie auch schon erlebt, dass sich besonders intelligente oder qualifizierte Menschen damit schwer tun, sich auf ihr Gegenüber einzustellen. Aus der vermeintlichen Kommunikation wird ein Monolog, da die Zuhörenden dem Gesagten nicht folgen können.

Stellen Sie sich auf Ihren Gesprächspartner ein

Das bedeutet: Sie können nicht mit jedem in der gleichen Sprache kommunizieren. Angenommen, Sie verfügten über eine fundierte humanistische Ausbildung, und die Verwendung von lateinischen Begriffen oder Fremdwörtern sonstiger Herkunft wären für Sie eine Selbstverständlichkeit. Für Ihr Gegenüber mögen die Worte, die Sie verwenden, jedoch „böhmische Dörfer" sein.

Vorsicht bei Fremdwörtern und Fachbegriffen

Fragen Sie sich, wie Ihr Gesprächspartner darauf reagiert. Sie hinterlassen keinen besonders überzeugenden Eindruck, wenn Sie nicht in der Lage sind, sich Ihrem Gesprächspartner gegenüber verständlich auszudrücken. Im Zweifel schaltet er ab.

Bevor Sie also in Fachbegriffen und Fremdwörtern schwelgen, sollten Sie sicher sein, dass sich Ihr Gesprächspartner in dieser Hinsicht auf Ihrer Wellenlänge befindet.

Bilden Sie kurze Sätze

Zum einen laufen Sie selbst dann nicht Gefahr, sich in einer komplizierten Satzkonstruktion zu verheddern, und zum anderen kann Ihr Gesprächspartner Ihnen besser folgen. Reden Sie nicht zu schnell, und legen Sie kurze Pausen ein. Das gibt Ihrem Gegenüber die Möglichkeit, das Gesagte nachzuvollziehen.

Beziehen Sie Ihr Gegenüber in Ihr Gespräch mit ein

Ihr Gesprächspartner sollte immer die Gelegenheit haben, Fragen zu stellen oder seine Meinung zu äußern. Vermeiden Sie unbedingt Monologe. Beziehen Sie ihn in Ihr Gespräch mit ein – muntern Sie ihn auf, aktiv daran teilzunehmen.

Begeisterungsfähigkeit

Wenn Sie andere von etwas überzeugen möchten, müssen Sie selbst davon zutiefst überzeugt sein, ansonsten springt der Funke nicht über. Versuchen Sie also erst gar nicht, Ihren Chef von etwas zu begeistern, dessen Sie sich selbst nicht sicher sind – er wird es merken.

● Achten Sie darauf, dass Sie laut genug sprechen. Zu leises Sprechen deutet auf Unsicherheit hin, und Ihre Überzeugungskraft schwindet.

● Halten Sie Augenkontakt. Das bestärkt den anderen in seinem Eindruck, dass Sie an das glauben, was Sie erzählen.

● Vermeiden Sie monotones Reden. Bringen Sie Abwechslung in Ihre Stimme.

Einfühlungsvermögen

Andere zu überzeugen bedeutet nicht, sie „totzureden". Wesentlicher Bestandteil Ihrer Überzeugungskraft ist Ihr Einfühlungsvermögen, Ihre Fähigkeit, aktiv zuzuhören. Sie selbst erleben es sicher doch als sehr angenehm, wenn Sie feststellen, dass Ihnen jemand seine ganze Aufmerksamkeit zuteil werden lässt. Doch leider erlebt man dies in der Praxis nur selten.

Realität ist vielmehr, dass jeder nur auf sein Stichwort wartet, um seinen eigenen „Senf" abzugeben. Das zeugt jedoch von einem Mangel an Interesse und Einfühlungsvermögen. Ihre Überzeugungskraft bleibt dabei auf der Strecke.

Diese Tipps lassen Sie zu einem guten Zuhörer werden
Machen Sie es besser als die meisten Ihrer Mitmenschen. Interessieren Sie sich für Ihr Gegenüber. Beachten Sie deshalb die folgenden Tipps, die Sie zu einem guten Zuhörer werden lassen.

- Vermeiden Sie Unterbrechungen, und lassen Sie Ihr Gegenüber ausreden.
- Halten Sie Blickkontakt, ohne zu starren.
- Nicken Sie gelegentlich als Zeichen, dass Sie zuhören.
- Vermeiden Sie zu starre Mimik – das wirkt unfreundlich und irritiert Ihr Gegenüber.
- Sie beweisen, dass Sie ein aufmerksamer Zuhörer sind, wenn Ihre Mimik die Worte/Aussagen Ihres Gegenübers kommentiert. Zum Beispiel lächeln, wenn Sie sich für ihn freuen oder Stirn runzeln, wenn er etwas Trauriges oder für ihn Unerfreuliches erzählt.
- Kommentieren Sie das Gesagte zwischendurch kurz, ohne zu unterbrechen. „Hm" oder „wie schön", oder „verstehe" und andere Kurzkommentare sind geeignet.
- Stellen Sie Fragen, um Ihr Interesse zu signalisieren und auch nicht Verstandenes sofort zu klären.
- Kommentieren Sie das Gesagte in irgendeiner Form, bevor Sie loslegen mit „Meine Erfahrungen sind ...".

Wenn Sie diese Empfehlungen beachten, werden Sie überrascht sein, wie viel Sie über Ihre Mitmenschen erfahren, wie stark Sie davon für Ihre Arbeit profitieren können, und vor allem, wie viel Sympathie Ihnen entgegenschlagen wird.

Argumentationsgeschick und -stärke

Wenn Sie von einer Sache überzeugt sind und sie nicht richtig „rüberbringen" können, werden Sie Ihr Ziel wohl nicht erreichen und die anderen nicht überzeugen.

- Achten Sie deshalb darauf, dass Sie gut vorbereitet in ein Gespräch gehen.
- Machen Sie sich Ihr Ziel klar.
- Argumentieren Sie ruhig und sachlich.
- Führen Sie Zahlen und Fakten an, wenn möglich.
- Achten Sie auf eine in sich stimmige Argumentation.
- Sprechen Sie von den Vorteilen Ihres Gesprächspartners, statt Ihre eigenen in den Vordergrund zu stellen.
- Lassen Sie auch Ihr Gegenüber zu Wort kommen.

Sympathiewert

Sympathische Menschen haben es in vielen Situationen leichter als unsympathische Menschen. Sie kommen auf Partys eher mit anderen ins Gespräch und werden – wo auch immer – freundlich empfangen. Doch was nützt Ihnen ein hoher Sympathiewert für Ihre Arbeit? Befürchten Sie mitunter sogar, dass Sie durch eine sympathische Ausstrahlung an Respekt und Autorität verlieren könnten? Machen Sie sich frei von dieser Befürchtung, denn Respekt und Sympathie können Hand in Hand gehen.

Wenn Sie in der Belegschaft beliebt sind, gestaltet sich die Zusammenarbeit in vielerlei Hinsicht sehr viel angenehmer als bei einem gestörten Verhältnis zu den Kollegen. Man wird kleinen Bitten ohne Probleme Folge leisten. Delegation gestaltet sich sehr viel einfacher. Kleine Fehler werden Ihnen schneller verziehen als den unsympathischen Mitarbeitern. Und Ihre Kollegen werden wesentlich kooperativer sein als bei einer unbeliebten Kollegin.

Diese fünf Faktoren lassen Sie sympathisch wirken

1. Stellen Sie sich auf die Wellenlänge Ihres Gegenübers ein.

2. Treten Sie freundlich und positiv auf. Ein Lächeln und ein freundliches „Guten Morgen" gehören genauso dazu wie die Fähigkeit, sich für andere Menschen zu interessieren.

3. Schauen Sie Ihrem Gesprächspartner in die Augen. Vermeiden Sie den Blickkontakt, dann erweckt das den Eindruck von Unsicherheit, oder man vermutet, Sie hätten etwas zu verbergen und seien unaufrichtig.

4. Sorgen Sie für eine entkrampfte Atmosphäre. Ein Kollege oder auch Ihr Chef sollte sich in Ihrer Gegenwart

wohl fühlen. Wenn er sich hingegen unwohl fühlt oder sich gar fürchtet, machen Sie etwas falsch.

5. Betonen Sie Gemeinsamkeiten. Sei es nur, dass Sie beide Rotwein trinken, schon mal beide auf Mallorca Urlaub gemacht haben oder ein ähnliches Hobby haben. Die Betonung von Gemeinsamkeiten entkrampft und schafft Vertrauen.

Vertrauen und Glaubwürdigkeit

Wer möchte das nicht sein: vertrauens- und glaubwürdig zugleich? Doch diese beiden „Softbegriffe" sind nur schwer zu definieren. Welche Faktoren entscheiden über die Vertrauenswürdigkeit eines Menschen? Was lässt Sie als Sekretärin glaubwürdig erscheinen?

Kontinuität im Verhalten

Mal freundlich, mal aufbrausend, mal zu Tode betrübt? Sollte Ihr Auftreten gegenüber Ihren Mitmenschen sich so darstellen, dann weiß niemand so recht, worauf Sie wie reagieren werden.

Natürlich ist kein Mensch so berechenbar, dass alle Verhaltensweisen vorhersehbar sind – und das ist auch gut so. Nur: Wenn Ihre Mitarbeiter sich Ihnen nicht anvertrauen, weil sie Ihre Reaktion fürchten, sind Sie als Sekretärin auf dem falschen Weg.

Geben Sie Kolleginnen und anderen Mitarbeitern das Gefühl, immer zu Ihnen kommen zu können. Dies erreichen Sie nur, indem Sie launisches Verhalten vermeiden.

Reagieren Sie niemals aufbrausend oder unkontrolliert, auch nicht, wenn jemand einen schweren Fehler gemacht hat.

Testen Sie selbst, inwieweit Sie gute Voraussetzungen für gelungene Überzeugungsarbeit mitbringen

	Das stimmt absolut	Darin bin ich mir unsicher	Könnte besser sein
Ich achte auf ein gepflegtes Äußeres und perfekte Kleidung.	☐	☐	☐
Ich habe einen festen Händedruck.	☐	☐	☐
Ich halte Blickkontakt mit meinen Gesprächspartnern.	☐	☐	☐
Ich interessiere mich für andere Menschen.	☐	☐	☐
Ich kann gut zuhören.	☐	☐	☐
Ich kann mich gut in andere Menschen hineinversetzen.	☐	☐	☐
Ich kommuniziere empfängerorientiert.	☐	☐	☐
Ich erläutere Fachbegriffe, falls erforderlich.	☐	☐	☐
Ich kann andere für meine Ideen begeistern.	☐	☐	☐
Ich verlange von anderen nur das, was ich selbst bereit bin zu geben. Ich lebe die Vorbildfunktion.	☐	☐	☐
Ich kann Vertrauliches für mich behalten.	☐	☐	☐
Ich bin nicht launisch.	☐	☐	☐
Ich werde gegenüber meinen Mitarbeitern nie ausfallend.	☐	☐	☐

Falls Sie einige der Kriterien mit „Darin bin ich mir unsicher" bewerten mussten, holen Sie sich die Meinung Ihnen vertrauter Personen ein. Das wird Ihnen helfen, sich selbst besser einzuschätzen und eventuelle Schwächen auszubügeln. Punkte, die Sie klar mit „Könnte besser sein" kennzeichnen mussten, dulden keinen Aufschub. „Nobody is perfect", doch die auf Seite 114 genannten Kriterien sind elementare Voraussetzungen für eine stimmige Persönlichkeit, die auf volle Akzeptanz bei Kunden, Mitarbeitern und Vorgesetzten stoßen möchte.

Gehen Sie mit gutem Beispiel voran

Glaubwürdigkeit erreichen Sie nur, wenn Sie das, was Sie von anderen verlangen, auch selbst leben. Setzen Sie sich im Unternehmen für Kostenbewusstsein ein? Dann sollten Sie darauf achten, dass Sie beispielsweise

- Fehldrucke nicht in den Papierkorb werfen, sondern als Schmierpapier benutzen,
- nicht jede Kleinigkeit kopieren,
- einen kostengünstigen Büromittellieferanten suchen,
- mit Hotels Sonderkonditionen vereinbaren,
- mit Ihrem Chef noch einmal darüber sprechen, ob er innerdeutsch tatsächlich Business-Klasse fliegen muss.

Wie Sie sehen, haben Sie sich selbst schnell unglaubwürdig gemacht. Oder was halten Sie von einem Arzt, der Ihnen empfiehlt, mit dem Rauchen aufzuhören, den Sie aber abends „qualmend" an der Theke treffen?

Fazit: Was Sie von anderen verlangen, sollten Sie für sich selbst als Selbstverständlichkeit betrachten.

Schaffen Sie die richtigen Rahmenbedingungen

Sie wissen selbst, dass wichtige Gespräche nicht zwischen Tür und Angel stattfinden sollten. Auch wenn Sie jetzt zustimmend nicken, sollten Sie dennoch prüfen, ob Sie die folgenden Empfehlungen tatsächlich immer befolgen. Nehmen Sie sich ausreichend Zeit für ein Gespräch. Beginnen Sie nie mit „Ich weiß, Sie haben nicht viel Zeit", oder „Ich will Sie nicht lange stören". Damit setzen Sie sich selbst unter Druck und geben dem anderen das Gefühl, dass es sich um ein nicht besonders wichtiges Anliegen handelt, das Sie besprechen möchten.

Vermeiden Sie Störungen jeder Art. Sorgen Sie dafür, dass Sie weder durch eingehende Telefonate gestört werden noch durch Besucher. Lassen Sie Störungen hingegen zu, dann geben Sie Ihrem Gesprächspartner das Gefühl, unbedeutender als die Störung zu sein. Damit würden Sie keine guten Voraussetzungen für ein erfolgreiches Gespräch schaffen.

Situationen, in denen Sie überzeugen müssen

Souverän und überzeugend zu kommunizieren gehört mit zu den größten Herausforderungen, die an Sie gestellt werden. Je höher die Position, die Sie bekleiden, oder je schwieriger die Menschen, mit denen Sie tagtäglich zu tun haben, desto größer die Herausforderung. Die Situationen, denen Sie sich in Ihrem Büro ausgesetzt sehen, sind vielfältig. Dieses Kapitel konzentriert sich auf die Situationen, in denen Sie Ihre Mitarbeiter von irgendetwas überzeugen müssen. Einige der schwierigsten Fälle haben wir für Sie herausgepickt, um Ihnen anhand dieser Beispiele konkrete Tipps für Ihr überzeugendes Auftreten zu geben.

In schwierigsten Situationen sicher auftreten

Wie Sie Gehaltsforderungen richtig durchsetzen

1. Es gibt Vorgesetzte, die kommen ganz von allein darauf, mit ihren Mitarbeitern über eine Gehaltserhöhung zu sprechen. Sollte auch Ihr Chef so ein vorbildlicher Vorgesetzter sein, achten Sie darauf, dass Sie sich die

geplante Gehaltserhöhung nicht verderben. Selbst wenn ein Chef fest entschlossen ist, seiner Mitarbeiterin mehr Geld zu geben, gelingt es der einen oder anderen immer wieder, die Gehaltserhöhung im letzten Augenblick zu verhindern.

So sollte das Gespräch nicht verlaufen:

Chef: *„Frau Müller, ich würde mich gern mit Ihnen über Ihre Arbeit im vergangenen Jahr unterhalten. Doch bevor ich etwas dazu sage, möchte ich noch Ihre Meinung dazu hören."*

Sekretärin: *„Tja, also es gab mit Sicherheit einige Dinge, die nicht so gut gelaufen sind. Ich weiß, dass ich mit dem Projekt XY reichlich überfordert war und mir da jede Menge Fehler unterlaufen sind. Ich habe auch das Gefühl, dass ich lernen müsste, mich noch besser durchzusetzen – das hat in den Teamsitzungen ja auch nicht so gut geklappt."*

Wenn Sie so oder so ähnlich von sich selbst reden, können Sie die Gehaltserhöhung vergessen. Jeder halbwegs normale Chef gibt das Geld lieber selbst aus, bevor er Ihnen bei dieser Selbsteinschätzung auch nur einen Cent mehr bezahlt.

So verläuft das Gespräch besser:

Chef: *„Frau Müller, ich würde mich gern mit Ihnen über Ihre Arbeit im vergangenen Jahr unterhalten. Doch bevor ich etwas dazu sage, möchte ich noch Ihre Meinung dazu hören."*

Sekretärin: *„Es war ein abwechslungsreiches, aber auch sehr anstrengendes Jahr. Mir hat die ganze Arbeit sehr viel Spaß gemacht; Sie wissen ja, Leerlauf finde ich nicht sehr gut. Ich muss immer etwas zu tun haben. Es gab einige Herausforderungen für mich. Sie haben mir zum ersten Mal ein eigenes Projekt anvertraut, was mich sehr gefordert hat. Dass ich es dann rechtzeitig beenden konnte, hat mich sehr stolz gemacht. Ich würde gern mehr solcher Projekte übernehmen und habe aus meinen Anfangsfehlern jede Menge gelernt, so dass ich für das Nächste 100-prozentig gewappnet bin."*

Sprechen Sie positiv über sich selbst. Betonen Sie das, was Sie geschafft haben, und gehen Sie mit den begangenen Fehlern konstruktiv um. Dann klappt's auch mit der Gehaltserhöhung.

Ergreifen Sie die Initiative

1. Sollte Ihr Chef nicht von selbst auf die Idee kommen, Ihnen stünde mehr Geld zu, dann sprechen Sie das Thema an.
2. Legen Sie besonderen Wert darauf, wie Sie das Gespräch eröffnen. Der falsche Einstieg kann Ihnen alles verderben.

Vermeiden Sie deshalb diesen sehr beliebten Einstieg:

„Ich wollte mal fragen, wie zufrieden Sie mit mir sind."

Wollen Sie wirklich wissen, wie zufrieden Ihr Chef mit Ihnen ist, oder wollen Sie mehr Geld? Reden Sie nicht um den heißen Brei herum, und sagen Sie, was Sie wollen:

„Ich möchte gern mit Ihnen über eine Gehaltserhöhung reden."
„Ich hätte gern eine Gehaltserhöhung."

Achtung: Wenn Sie nach der Zufriedenheit fragen, kann es Ihnen passieren, dass Ihr Chef erwidert: „Gut, dass Sie zu mir kommen, ich wollte schon lange einmal über ein paar Punkte mit Ihnen sprechen" – und dann werden Sie plötzlich kritisiert. Sie können unter solchen Umständen auf gar keinen Fall mehr über eine Gehaltserhöhung reden.

3. Nach einem guten Einstieg geht es dann weiter. Begründen Sie Ihren Wunsch nach einer Gehaltserhöhung.

„Ich habe in den letzten beiden Jahren sehr viele zusätzliche Aufgaben übernommen, mit denen ich Sie noch mehr entlaste als vorher. Beispielsweise erledige ich das gesamte Beschluss-Controlling unserer 14-tägigen Sitzungen. Ich er-

stelle alle dafür erforderlichen Statistiken. Dann habe ich zusätzlich die Betreuung des Projekts XY übernommen. Aber Sie wissen ja selbst, was ich mehr mache als noch vor zwei Jahren. Und da ich Sie so unterstütze, hätte ich gern eine Gehaltserhöhung von 150 Euro."

4. Rechnen Sie mit Gegenwehr. Wenn Ihr Chef Ihnen sofort zustimmt – herzlichen Glückwunsch! Doch sehr häufig müssen Sie mit Gegenargumenten rechnen. Die Häufigsten haben wir für Sie aufgelistet – zusammen mit den empfehlenswerten Gegenreaktionen.

Chef: *„Ausgerechnet jetzt fragen Sie nach mehr Geld."*

Sekretärin: *„Ja, ich weiß, dass wir uns in keiner guten wirtschaftlichen Lage befinden. Und ich habe dafür Verständnis, dass man in solchen Zeiten nicht unbedingt Gehälter erhöht. Ich leiste aber gute Arbeit und trage engagiert dazu bei, dass sich die Lage bessert."*

Ganz besonders rhetorisch geschickt zeigt sich Ihr Chef, wenn er auf solche Formulierungen zurückgreift:

„So gern ich Ihnen mehr Gehalt zahlen würde ... Zum jetzigen Zeitpunkt sind mir die Hände gebunden, weil wir diesen herben Verlust von ... hinnehmen mussten ..."

oder:

„Ich kann Ihren Wunsch nach einer Gehaltserhöhung gut verstehen. Sie haben in den letzten Monaten gute Arbeit geleistet, und ich bin sehr froh, Sie im Team zu haben. Jedoch ist eine Gehaltserhöhung zum jetzigen Zeitpunkt nicht möglich, weil ..."

Der Sekada♣-Tipp: Bleiben Sie bei der oben vorgeschlagenen Formulierung, wie Sie mit Einwürfen umgehen. Lassen Sie sich nicht ins Bockshorn jagen – zeigen Sie, dass auch Sie sich mit Rhetorik befasst haben.

5. Wenn Ihr Chef trotz aller Argumente nicht will, dann will er nicht. Daran kann auch alles rhetorische Geschick nichts ändern. Falls Sie eine Ablehnung erhalten, dann fragen Sie zumindest, wann Sie ihn wieder darauf ansprechen können.

Eine Kollegin arbeitet nicht effektiv

Ihre Kollegin, die Ihnen genau gegenübersitzt, arbeitet in Ihren Augen nicht optimal. Sie macht viele Überstunden – mehr als alle anderen. Auf ihrem Schreibtisch stapeln sich die Unterlagen, irgendwie scheint sie mit ihren Aufgaben nicht klarzukommen.

So führen Sie ein überzeugendes und motivierendes Gespräch

1. Statt ihr sofort zu sagen, was Sie beobachtet haben, fragen Sie sie, wie ihr die Arbeit gefällt, oder ob sie daran gern etwas ändern würde. Helfen Sie ihr, sich Ihnen mitzuteilen,sollte sie selbst auch ein Problem sehen. Geben Sie ihr Gelegenheit, die Situation aus ihrer Sicht zu schildern.
2. Statt anzuklagen, schildern Sie Ihre Beobachtungen. Formulieren Sie Ich-Botschaften.
   „Ich habe den Eindruck, dass du im Augenblick sehr viel zu tun hast. Empfindest du das auch so?"
   „Ich habe das Gefühl, du könntest gut ein wenig Unterstützung gebrauchen."
3. Bieten Sie Hilfe an.
   „Was kann ich tun, um dir entgegenzukommen/um dich zu unterstützen?"
4. Bringen Sie Ihre eigenen Erfahrungen ins Spiel.
   „Ich hatte vor kurzem das Gefühl, ich würde in Arbeit ersticken. Daraufhin habe ich einfach einmal ein Zeitmanagement-Seminar besucht. Das ändert natürlich nicht alles, aber so manches Licht ist mir aufgegangen. Vielleicht wäre das auch was für dich."

Reiten Sie dann nicht weiter auf der Thematik herum. Belassen Sie es dabei. Und vor allen Dingen: Reden Sie nicht so lange über das Thema, bis Ihre Kollegin Ihnen Recht gibt. Das tun die meisten Menschen nicht. Geben Sie ihr Zeit, das Gehörte zu „verdauen" und in aller Ruhe darüber nachzudenken.

Übrigens: Wenn Ihre Kollegin davon überzeugt ist, alles richtig zu machen, können Sie nichts ausrichten. Jeder ist letztendlich für sich selbst verantwortlich. Es sei denn, ihre Arbeitsweise bringt Probleme für das Unternehmen mit sich. Dann müssen Sie deutlicher werden und, falls dies nichts nützt, mit dem Chef sprechen.

Ein Kollege ist unverschämt und beleidigend

Wenn Sie sich persönlich von einem Kollegen angegriffen fühlen, weil er sich Ihnen gegenüber patzig oder unangemessen verhält, ist es sicherlich nicht einfach, ein sachliches Gespräch zu führen. Doch nichtsdestotrotz sollten Sie ein klärendes Gespräch führen. Denn je häufiger Sie sich angegriffen fühlen und sich nicht sachlich zur Wehr setzen, desto größer wird das Konfliktpotenzial, bis Ihnen irgendwann so richtig der Kragen platzt.

1. Gehen Sie davon aus, dass es für jedes Verhalten einen Grund gibt. Also gibt es auch einen Grund für das unangebrachte Verhalten Ihres Kollegen. Statt also zu sagen, dass Sie ein bestimmtes Verhalten nicht mehr tolerieren werden, sollten Sie zuerst versuchen herauszufinden, weshalb er so reagiert, wie er reagiert.
2. Senden Sie Ich-Botschaften, und nennen Sie ein Beispiel. *„Ich fühlte mich gestern von Ihnen angegriffen, als Sie sagten ... "*

Sprechen Sie ein konkretes Ereignis an, das sich erst vor kurzem zugetragen hat. Erstens wirkt ein Beispiel plastischer und glaubwürdiger. Und zweitens kann Ihr Kollege Ihnen nicht vorwerfen, Sie hätten ja schon mal früher etwas sagen können, wenn Sie sich auf „gestern" oder „heute Morgen" beziehen.

3. Bleiben Sie gelassen, wenn er nicht kooperiert. Es kann Ihnen passieren, dass Ihr Kollege, statt Ihnen Recht zu geben, Ihnen Überempfindlichkeit oder Ähnliches vorwirft, um sich aus der Affäre zu ziehen. Wichtig für Sie: Rechtfertigen Sie sich nicht, weil Sie sich damit in die Defensive begeben. Behalten Sie die Nerven, und reagieren Sie ganz „cool".

So könnten seine und Ihre Reaktionen aussehen:
Kollege: *„Jetzt stell dich doch nicht so an!"*
Sekretärin – so nicht: „Das hat mit Anstellerei nichts zu tun. Ich finde es unmöglich, wenn du ..."
Sekretärin – besser so: *„Du sagst, ich stelle mich an ... Ich empfinde dein Verhalten als unangemessen und bitte dich, das zu akzeptieren."*

Kollege: *„Mein Gott, bist du empfindlich!"*
Sekretärin – so nicht: „Das hat mit Empfindlichkeit nichts zu tun. Es ist eine totale Unverschämtheit von dir ..."
Sekretärin – besser so: *„Ja, ich bin empfindlich, und darum bitte ich dich, dein Verhalten mir gegenüber in Zukunft zu ändern."*

Delegation – wie Sie Mitarbeiter zur Kooperation bewegen
Wenn Sie hin und wieder Aufgaben an Kollegen und andere Mitarbeiter delegieren, dann wissen Sie, wie mühsam das manchmal sein kann. Was Menschen sich so an Ausreden einfallen lassen, um nur nicht für jemand anders etwas zu erledigen – man glaubt es kaum ...

Hier erfahren Sie, wie Sie auch an unwillige Mitarbeiter Aufgaben delegieren:
1. Sagen Sie, was Sie möchten. Reden Sie nicht um den heißen Brei herum, denn dann verliert Ihr Gegenüber

die Geduld. Beschreiben Sie ganz konkret die zu delegierende Aufgabe.

2. Sagen Sie nie *„Ich habe ein Problem"*. Das Wort „Problem" hört sich nach Ärger und Arbeit an.

3. Sagen Sie stattdessen: *„Ich brauche Ihre Unterstützung"* oder: *„Ich brauche Ihre Hilfe"*. Beides wertet den anderen auf und schafft einen positiven, motivierenden Gesprächseinstieg.

4. Sagen Sie kurz, was Sie möchten: *„Ich benötige für die Sitzung am Freitag eine aktuelle Übersicht unseres Personalstands."*

5. Fordern Sie den anderen zum Handeln auf. *„Seien Sie so nett, mir die Übersicht bis morgen reinzureichen. Das wäre sehr freundlich."*

6. Falls der andere sich wehrt, könnte das so aussehen: *„Puh, im Augenblick ist hier ziemlich viel los. Ich weiß nicht, ob ich es bis morgen schaffe."* Reagieren Sie mit Verständnis: *„Ich weiß, was gerade überall los ist. Ich bin mir auch dessen bewusst, dass ich Sie sehr kurzfristig darum bitte. Hätte ich eine andere Möglichkeit gehabt, hätte ich das sicherlich nicht getan. Ich brauche wirklich Ihre Unterstützung."*

7. Wer kann bei so viel Überzeugungskraft noch widerstehen? Sollte der Mitarbeiter dennoch nicht kooperieren, üben Sie sanften Druck aus: *„Habe ich Sie richtig verstanden, Sie sehen sich nicht in der Lage, mir die Unterlagen bis morgen früh fertig zu stellen?"* Lassen Sie ihm etwas Zeit, sich seine Antwort zu überlegen. Bleibt er dabei, dann sagen Sie: *„Dann gebe ich das so weiter."* Bedeutet: Ich gehe zum Chef – das wird er verstehen. Sie sollten diesen Schritt dann auch tatsächlich tun. Besprechen Sie die Situation mit Ihrem Chef – ein bisschen Strafe muss sein.

Sie wollen Ihren Chef von einer Idee überzeugen

Ihr Argumentationsgeschick ist gefragt, wenn Sie jemanden von einer Idee überzeugen möchten. Besonderes Geschick müssen Sie an den Tag legen, wenn Ihr Chef Ihnen zur Umsetzung Ihrer Idee Geld zur Verfügung stellen muss.

Sie möchten Ihren Chef von der Anschaffung eines Kopierers überzeugen:

1. Verzichten Sie darauf, lange über den nicht funktionierenden Kopierer zu sprechen. Beginnen Sie das Gespräch mit: *„Herr Müller, wir brauchen dringend einen neuen Kopierer."*
2. Begründung: *„Der alte hat mehrmals täglich Störungen, ohne dass irgendjemand ihn falsch bedient hätte."*
3. Verstärken Sie Ihr Argument durch Zahlen und/oder Fakten. *„Durch das Kopieren im dritten Stock und die Wege hin und zurück haben wir einen beträchtlichen Arbeitszeitausfall. Ich habe schon mit dem Kundendienst gesprochen. Die sagten mir, dass der Kopierer auf Grund der starken Nutzung und seines Alters immer wieder diese Störungen aufweisen wird."*
4. Fordern Sie zum Handeln auf: *„Ich brauche von Ihnen das Okay, dass Sie prinzipiell mit der Anschaffung eines neuen Kopierers einverstanden sind. Dann kann ich loslegen und mir Angebote für Kopierer machen lassen, damit wir ganz genau wissen, was da an Kosten auf uns zukommt."*

Wählen Sie den Ort für ein Gespräch sorgfältig – der Schreibtisch als Distanzverstärker

Sie werden festgestellt haben, dass Gespräche mit Ihrem Chef in der Regel an seinem Schreibtisch stattfinden. Dieser scheinbar belanglose Umstand wirkt sich jedoch auf das Gespräch aus.

Vorgesetzte fühlen sich hinter Ihrem Schreibtisch pudelwohl. Das ist ihr Terrain. Hier haben sie das Sagen. So sicher der Chef sich fühlt, so unsicher fühlen Sie sich möglicherweise.

Die Machtposition, die Ihr Chef an seinem Schreibtisch innehat, fühlen Sie instinktiv.

Wenn Sie ein sehr freundschaftliches Verhältnis zu Ihrem Chef haben, werden Sie das Gespräch an seinem Schreibtisch als völlig normal empfinden. Unangenehm sind diese Gespräche für die Damen, die ein sehr respektvolles Verhältnis zu ihrem Chef haben oder für die, deren Chef sehr autoritär und/oder unnahbar ist.

Damit Sie sich während eines „Chefgesprächs" sicher fühlen, haben Sie zwei Möglichkeiten:
1. Sie unterhalten sich an einem anderen Tisch in seinem Büro. Viele Chefs haben einen Besprechungstisch, der nicht mit dem Schreibtisch verbunden ist.
2. Noch besser: Sie unterhalten sich in Ihrem Sekretariat. Denn dort fühlen Sie sich wohl – dort haben Sie sicheren Boden unter den Füßen.

Tipp

Optimale Sitzhaltung
Während vieler Gespräche sitzen Sie. Unterschätzen Sie die Wirkung Ihrer Körpersprache nicht – auch wenn Sie „nur" auf einem Stuhl sitzen.

Nicht zurücklehnen
Wenn Sie sich in einem Gespräch befinden, ist es durchaus möglich, dass Sie sich die Worte Ihres Gegenübers entspannt anhören. Bei vielen äußert sich die Entspannung so, dass sie sich zurücklehnen und die Arme vor der Brust verschränken. Was Sie als entspannend empfinden, wirkt in diesem Fall auf Ihr Gegenüber eher negativ.

„Normal" sitzen
Bemühen Sie sich um eine offene Sitzhaltung. Dazu gehört auch, dass das Verschränken der Arme vor der Brust absolut verpönt ist. Ihre Hände ruhen locker auf Ihrem Schoß oder liegen auf dem Tisch und berühren sich nur leicht. Verkneifen Sie es sich, die Hände ineinander zu legen. Damit berauben Sie sich der Möglichkeit jeglicher Gesten.

Erfolgreich verhandeln

Als Sekretärin erfolgreich verhandeln: So erreichen Sie sehr gute Ergebnisse

Als Assistentin und Sekretärin führen Sie in Ihrem beruflichen Alltag zahlreiche Verhandlungen. Oft sind es für Sie Gespräche, die erst bei näherem Hinsehen Verhandlungscharakter haben, etwa -

* wenn Sie einem Mitarbeiter nahe bringen wollen, dass er eine Abendschicht einlegen muss, weil Ihr Chef die Unterlagen unbedingt morgen Früh auf dem Tisch haben will.

* Oder wenn Sie den Vorsteher der abendlichen Putzkolonne davon überzeugen wollen, dass das Putzergebnis nicht Ihren Vorstellungen entspricht und warum sich in dieser Richtung sofort etwas ändern muss.

Solche kleineren oder größeren Verhandlungen führen Sie täglich und meist ganz intuitiv und der Situation angepasst.

In diesem Kapitel finden Sie einige Tipps und Hilfen, die Sie nutzen können, wenn es um wichtige Verhandlungen geht, die Ihnen Ihr Beruf als Sekretärin und Assistentin ebenso abverlangt: Ob Sie mit einem Lieferanten über Konditionen feilschen, Gehaltsgespräche mit der Bürohilfe führen oder die Preise mit dem Tagungshotel festlegen – in vielen Situationen ist Ihr Verhandlungsgeschick als Sekretärin und Assistentin gefordert.

Lesen Sie auf den nächsten Seiten, wie Sie sich auf wichtige Verhandlungen gut vorbereiten und damit sehr gute Ergebnisse erzielen können.

Test: **Wie gut sind Ihre Verhandlungskünste im Büro bereits?**

Frage	Ja/nein
Legen Sie Ihre Ziele im Vorfeld von Verhandlungen immer genau fest, z. B, wenn Sie mit Lieferanten Preise aushandeln oder mit Reisebüros Konditionen vereinbaren?	
Vermeiden Sie es, wichtige Verhandlungen unter Zeitdruck zu führen?	
Bereiten Sie sich immer gut auf wichtige Verhandlungen vor?	
Sind Sie auch auf Ihren Verhandlungspartner vorbereitet, z. B., wenn Sie während der Abwesenheit Ihres Chefs einem Geschäftspartner den Standpunkt Ihres Chefs nahebringen sollen?	
Können Sie das, was Sie in der Verhandlung behaupten, auch beweisen (durch Zahlen, Statistiken, Unterlagen, Dokumente)?	
Nennen Sie in der Verhandlung immer auch genügend Vorteile für den anderen?	
Vermeiden Sie den Konjunktiv beim Verhandeln (würde, könnte, wäre ...)?	
Präsentieren Sie, d. h., führen Sie etwas anschaulich vor, um den anderen zu überzeugen?	
Können Sie Einwänden schlagfertig begegnen?	
Ignorieren Sie kleinere Provokationen in der Regel?	
Weisen Sie persönliche und unfaire Angriffe konsequent zurück?	
Bleiben Sie immer freundlich?	
Kontern Sie Angriffe häufig mit Fragen?	
Geben Sie Ihrem Verhandlungspartner immer das Gefühl, er hätte ein gutes Ergebnis erzielt?	

Ergebnis: Haben Sie mehr als 10-mal mit „ja" geantwortet? Gratulation! Sie können bereits recht gut verhandeln. Mussten Sie häufiger als 4-mal mit „nein" antworten? Dann heißt es für Sie: noch fleißig üben, damit Sie Ihre Verhandlungen im Beruf sehr bald noch erfolgreicher abschließen. Auf den folgenden Seiten finden Sie wichtige Tipps und Tricks von Verhandlungsprofis, mit denen Sie Ihr Verhandlungsgeschick weiter perfektionieren können.

Sachbezogen verhandeln im Sekretariat: So schaffen Sie bleibende Ergebnisse

Wer das Wort „Verhandlung" hört, denkt dabei meist an harte Auseinandersetzungen, in denen Verhandlungs-„Gegner" um Macht und Ergebnisse „ringen", beispielsweise Unternehmen und Gewerkschaften oder politische Koalitionsparteien. Hier prallen die Positionen zweier Verhandlungsgegner aufeinander.

Diese harte Verhandlungsform ist von einem Macht und Willenskampf getragen und nicht zu empfehlen, weil sie die Fronten auch für die Zukunft verhärtet und jede objektive Ergebnisorientierung fehlt. Im Vordergrund stehen letztendlich die persönlichen Interessen der Verhandlungspartner, auch wenn unter dem Deckmantel der Sache diskutiert und verhandelt wird.

Die weiche Verhandlung schafft nicht immer ein befriedigendes Ergebnis für beide Verhandlungspartner.

Im Vordergrund steht zwar die friedliche Lösung eines Konflikts. Um des lieben Friedens willen werden aber häufig von einer oder beiden Seiten zu viele Zugeständnisse gemacht, die dann zu Unzufriedenheit führen. Vermeiden Sie es, in die Verhandlungsfalle der Harmoniesucht zu tappen. Denn als rechte Hand Ihres Chefs müssen Sie auch in Verhandlungen konsequent Ihren und den Standpunkt Ihres Chefs vertreten.

Wirklich ergebnis- und zielführend ist die 3. Verhandlungsvariante: die sachbezogene Verhandlung

Hier arbeiten die Verhandlungs-„Partner" gemeinsam auf eine passgenaue Lösung hin, die alle Beteiligten zufrieden stellt, weil für jeden ein Nutzen entstanden ist. Dieses so genannte Win-win-Prinzip ist als Harvard-Verhandlungskonzept bekannt.

Es geht um die objektiven Interessen der Verhandlungspartner und nicht um persönliche Positionen. Beide Verhandlungspartner suchen nach Möglichkeiten, einen ge-
genseitigen Nutzen zu erzielen. Aus diesem Grunde halten
Vereinbarungen, die auf diesem Weg entstehen, erfahrungs-
gemäß länger als andere. Deshalb:

**Folgen Sie als Sekretärin den Grundsätzen des Har-
vard-Verhandlungskonzepts**

**1. Behandeln Sie Mensch und Problem getrennt von-
einander**

Oft vermischen sich die persönlichen Beziehungen der Ver-
handelnden mit den anstehenden Problemen. Das wirkt einem Verhandlungsergebnis entgegen, bei dem beide Seiten
zufrieden sind.

Das heißt konkret: Definieren Sie das eigentliche Sach-
problem.

Beispiel:

Ihr Büromittel-Lieferant kann bzw. will die bisherigen
Rabatte für Ihr Unternehmen nicht mehr halten. Ihr Unternehmen bzw. Ihr Chef will jedoch zusätzliche Kosten
vermeiden.

Praxisbeispiel für Ihren Verhandlungseinstieg:

*„Wir sind heute zusammengekommen, um über Ihre Lie-
ferkonditionen zu sprechen. Lassen Sie uns überlegen,
was wir gemeinsam tun können, um eine für beide Seiten
zufrieden stellende Lösung zu finden."*

5 Verhandlungstipps für Sie:
1. Versetzen Sie sich in die Lage Ihres Verhandlungspartners, also des Lieferanten, Geschäftspartners oder Mit-
arbeiters.

2. Sprechen Sie immer über die Vorstellungen beider Seiten.
3. Setzen Sie nicht einseitig auf Ihre Macht als Chefsekretärin oder Assistentin.
4. Beteiligen Sie Ihren Verhandlungspartner am Ergebnis.
5. Sehen Sie den anderen nicht als Gegner, sondern als Lösungspartner.

2. Klären Sie die Interessen und Bedürfnisse der Verhandlungspartner

Jedes Problem wird durch Interessen bestimmt. Um vernünftige Ergebnisse zu erzielen, müssen Sie die Interessen in Einklang bringen. Auch hinter gegensätzlichen Positionen liegen (fast immer) sowohl sich widersprechende als auch ausgleichbare Interessen.

Das heißt konkret: Klären Sie die Hintergründe und Rahmenbedingungen des Problems. Lösungsansätze können zum Beispiel in einem gemeinsamen Brainstorming erarbeitet werden. Die neuen Ideen notieren Sie auf einem Flipchart.

3. Schaffen Sie Vorteile für beide Seiten

Betrachten Sie jeden Vorschlag vom Standpunkt beider Partner aus. Suchen Sie für beide Seiten nach Vorteilen.

Das heißt konkret: Überlegen Sie gemeinsam, mit welcher (Teil-)Lösung Sie Ihre und die Ziele Ihres Verhandlungspartners erreichen können.

Praxisbeispiel für Ihre Verhandlung mit dem Büromittellieferanten:

„Welchen Vorschlag würden Sie an meiner Stelle, also aus Sicht unseres Unternehmens, machen, damit unsere Geschäftsbeziehung auch in Zukunft für beide Seiten zufrieden stellend verläuft?"

Umgekehrt können auch Sie aus der Sicht des Lieferanten einen für beide Seiten annehmbaren Lösungsvorschlag formulieren.

4. Nutzen Sie objektive Beurteilungskriterien

Treffen Sie keine Entscheidungen „aus dem Bauch heraus". Sie kosten aller Erfahrung nach meist viel Geld oder die Beziehung zum Verhandlungspartner. Sachbezogenes Verhandeln bringt stattdessen auf gütliche und wirkungsvolle Weise vernünftige Übereinkünfte zustande. Machen Sie darum jeden Streitfall zur gemeinsamen Sache, indem Sie zusammen nach objektiven Kriterien für eine Lösung suchen.

Objektive Kriterien sind z. B. früher erfolgreich gelöste Diskussionsfälle, wissenschaftliche Gutachten, konkrete Zahlen, messbare Auswirkungen, allgemeine ethische Grundsätze usw.

Das heißt konkret: Überlegen Sie gemeinsam, nach welchen Kriterien eine mögliche Lösung wirklich gut ist. Welche Kriterien sind dafür wichtig, welche weniger? Werden Sie kreativ, und lösen Sie sich von starren Positionen.

Praxisbeispiel für Ihre Verhandlung mit dem Büromittellieferanten:

Sie könnten dem Lieferanten zum Beispiel auch eine nichtmonetäre Lösung vorschlagen. *„Was halten Sie davon, wenn ich bei unserer Geschäftsleitung anfrage, ob Sie auf unserer Webseite einen Werbebanner schalten können? Wir haben 7.000 Visits im Monat auf unserer Webseite. Das ist sicher eine lukrative Werbeplattform für Sie. Im Gegenzug vereinbaren wir folgende Lieferkonditionen für das kommende Jahr ... Im neuen Jahr setzen wir uns wieder an einen Tisch und besprechen, ob diese Lösung für beide Seiten weiterhin tragfähig ist oder ob wir uns eine neue Vereinbarung einfallen lassen wollen."*

Eine gute Vorbereitung sichert Ihnen den halben Verhandlungserfolg

Geben Sie Ihren Verhandlungen eine klare Struktur, und verlieren Sie den roten Faden nicht. Damit erhöhen Sie Ihre Chancen, die Verhandlung zu führen. Eine der wichtigsten Voraussetzungen für Ihren Verhandlungserfolg ist die Vorbereitung.

Grundregel: Vor wichtigen Verhandlungen sollte der Zeitaufwand der Vorbereitung ungefähr der der geplanten Dauer der Verhandlung entsprechen.

Das sind die wichtigsten Vorbereitungspunkte für Ihre Verhandlungen

* **Legen Sie das Ziel fest, mit dem Sie in die Verhandlung gehen wollen.** Überlegen Sie sich auch, auf welchem Weg Sie dieses Ziel am sichersten erreichen wollen. Skizzieren Sie in Stichpunkten einen Verhandlungsleitfaden (siehe Übersicht auf Seite 133). So geben Sie der Verhandlung vorab die von Ihnen gewünschte Struktur.

* **Arbeiten Sie den Nutzen für Ihren Verhandlungspartner heraus.** Denken Sie sich in Ihr Gegenüber hinein. Wo liegen seine Interessen? Was sind seine Lieblingsthemen? Worauf reagiert er gereizt? Überlegen Sie sich schon im Vorfeld des Gesprächs so viele Vorteile für Ihren Gesprächspartner wie möglich (z. B. Preisvorteil, Werbung, Image, Qualität, persönliche Betreuung usw.).

Erwähnen Sie diese Vorteile während der Verhandlung niemals nebenbei, sondern setzen Sie sie gezielt als Highlight oder als Nachteile-Blocker ein. Das heißt: Bringen Sie den Vorteil unmittelbar, nachdem Ihr Verhandlungspartner einen Nachteil erwähnt hat.

Und: Bewahren Sie sich einen besonderen Vorteil für den Schluss der Verhandlungen auf, den Sie sozusagen abschließend als Trumpf ausspielen.

- **Liefern Sie Daten und Fakten.** Jedes Ihrer Nutzenargumente sollten Sie hieb- und stichfest mit Beweisen untermauern können. Sammeln Sie also im Vorfeld Unterlagen und Materialien, die Ihre Aussagen bestätigen. Nur so wirken Sie für Ihren Gesprächspartner überzeugend und beeindruckend.

4 wichtige Quellen, die Beweiswirkung haben:

1. Zitieren Sie wichtige Persönlichkeiten, die die gleiche Meinung vertreten wie Sie.

2. Nennen Sie Referenzpersonen, die Ihre Argumente bestätigen können.

3. Zitieren Sie die Fachpresse oder – noch besser – bringen Sie Presseberichte mit, die Ihre Schlussfolgerungen untermauern.

4. Berufen Sie sich auf nachweisbare Aussagen oder Schreiben von Experten, die Ihre Meinung bestätigen.

- **Bereiten Sie sich auf alle möglichen Gegenargumente vor, die Ihnen einfallen.** Denn Ihr Verhandlungsgegner wird ebenfalls mit Argumenten auftrumpfen. Listen Sie diese Einwände und Argumente im Vorfeld auf. Überlegen Sie sich dazu die jeweils passenden Gegenargumente. So sind Sie gewappnet und verschaffen sich Sicherheit für das bevorstehende Gespräch.

An diesen 6 Fragen können Sie Ihren Verhandlungsleitfaden ausrichten:

1. WAS will ich erreichen (Ziel)?

Beispiel:

Für die kommende internationale Vertriebskonferenz Ihres Unternehmens suchen Sie ein gehobenes Hotel im Stadtzentrum von München. Sie wollen Ihren Gästen, die von außerhalb kommen, einen Veranstaltungsort bieten, der sehr guten Komfort hat und gleichzeitig durch die zentrale Lage eine günstige Anreise und Nähe zu den wichtigsten Sehenswürdigkeiten gewährleistet. Ihr Chef hat Ihnen einen festen Budgetbetrag pro Teilnehmer für die Veranstaltung genannt. Er ist knapp bemessen, und Sie ahnen, dass das von Ihnen bevorzugte Hotel – wenn überhaupt – nur mit guten Verhandlungskünsten von diesen Konditionen überzeugt werden kann.

2. WER ist der Verhandlungspartner (Person)?

Beispiel:

Ermitteln Sie im Vorfeld den für Sie zuständigen Bankettmanager. Klären Sie eindeutig, wer in Ihrem Fall Entscheidungsbefugnis hat. Setzen Sie sich nur mit dieser Person an den Verhandlungstisch. Sonst vergeuden Sie Zeit. Wenn Sie Ihren Verhandlungspartner bereits kennen, beziehen Sie seine Persönlichkeit und seine Vorlieben in Ihre Verhandlungsvorbereitung ein.

3. WELCHE Beweise kann ich bringen (Dokumentation)?

Beispiel:

Stellen Sie aussagefähige Unterlagen von Ihrem Unternehmen und von dem geplanten internationalen Meeting zusammen. Unterstreichen Sie damit den Stellenwert Ihres Unternehmens als Tagungskunde und generell. Verdeutlichen Sie mit Ihrer Dokumentation, dass diese Veranstaltung von einem renommierten Unternehmen mit umfangreicher Organisationserfahrung ausgerichtet wird und dass Referenten und Tagungsteilnehmer bedeutende Persönlichkeiten der Wirtschaft sind.

4. WANN bringe ich welches Argument (Ablauf)?

Beispiel:

Bauen Sie Ihre Argumentation dramaturgisch auf. Beginnen Sie generell mit dem schwächsten Argument. Setzen Sie dann Schritt für Schritt schlagkräftigere Argumente ein. Heben Sie sich das stärkste Argument für den Schluss der Verhandlung auf. In diesem Beispiel beginnt die eigentliche Verhandlung erst beim Preis. Nachdem Sie Ihre konkreten Organisations- und Bankettwünsche geäußert haben, wird Ihnen das Tagungshotel einen Preis pro Teilnehmer plus Technik, Deko usw. nennen. Jetzt steigen Sie mit Ihren Nutzenargumenten für das Hotel ein, um den Preis zu drücken. Bewahren Sie Ihr stärkstes Argument, zum Beispiel das Gegenangebot des Wettbewerbs, für den Schluss auf.

5. WOMIT kann ich überzeugen (Vorteile, Nutzen)?

Beispiel:

Überlegen Sie sich, welche Vorteile und welchen Nutzen Ihr Verhandlungspartner hat, wenn er mit Ihnen Geschäfte macht. Hier können Sie anführen, dass die Vertriebskonferenz Ihres Unternehmens für das Hotel einen hohen Imagewert hat. Und dass die hochkarätigen internationalen und viel reisenden Teilnehmer bei Zufriedenheit nicht nur selbst wiederkommen, sondern auch Empfehlungen aussprechen werden. Ein weiterer Nutzen könnte die generelle Weiterempfehlung des Hotels durch Ihr Unternehmen an Geschäftspartner und befreundete Unternehmen sein. Wenn Sie die Presse eingeladen haben, profitiert auch das Hotel indirekt von der Öffentlichkeitswirksamkeit der Veranstaltung usw.

6. WIE kann ich den Nutzen vorführen (evtl. Visualisierung)?

Beispiel:

Die internationalen Kooperationen mit anderen Unternehmen und Partnerfirmen können Sie auf einem Chart visualisieren, sodass der Hotelmanager die Größe des Kundenpotenzials eindrucksvoll vor Augen hat.

6 wichtige Tipps: So führen Sie Verhandlungen richtig

1. Steigen Sie sanft in die Verhandlung ein.

Fallen Sie nicht gleich mit der Tür ins Haus. Konfrontieren Sie Ihr Gegenüber nicht sofort mit Argumenten und Forderungen. Versuchen Sie, zunächst eine angenehme Atmosphäre herzustellen und mit ein paar verbindlichen Sätzen das Eis zu brechen. Erst dann informieren Sie den anderen, worum es Ihnen geht.

Beispiel:

„Guten Tag, Herr Müller. Schön, dass Sie sich heute Zeit für mich genommen haben ..."
Schließen Sie jetzt einige Smalltalk-Sätze an wie Fragen über die Anreise, Bemerkungen über das Wetter oder Ähnliches.

2. Argumentieren Sie so anschaulich wie möglich.

Versuchen Sie, Ihren Gesprächspartner nicht nur über das Gehör zu erreichen, sondern unterstützen Sie Ihre Argumente auch visuell, z. B.:

- Skizzieren Sie Ihren Gedankengang anschaulich auf dem Flipchart.
- Präsentieren Sie Daten und Fakten über Beamer oder Overhead-Projektor.

- Zeigen Sie – wenn vorhanden – Anschauungsobjekte zum Anfassen.

Mit bildhaften Darstellungen und Beispielmaterialien zum Anfassen beziehen Sie Ihren Gesprächspartner noch intensiver in Ihre Argumentation ein und steigern Ihre Überzeugungskraft. Aber Achtung: Überfluten Sie Ihr Gegenüber nicht mit solchen Effekten, sondern setzen Sie sie gezielt bei besonders wichtigen Argumenten ein.

3. Reagieren Sie auf die Einwände des Verhandlungspartners mit Ihren gut vorbereiteten Gegenargumenten.

Beachten Sie:
Wenn Sie auf ein fundiertes Argument Ihres Verhandlungsgegners stoßen, wenden Sie am besten die Plus-Minus-Methode an. Das heißt: Erkennen Sie das Argument an, aber entkräften Sie es sofort mit einem Ihrer vorbereiteten Vorteilsargumente.

So entkräften Sie Einwände wirkungsvoll mit der Plus-Minus-Methode:

falsch	besser
Reagieren Sie nie mit totaler Ablehnung, z. B.: „Nein", „Falsch", „Stimmt nicht!", „Irrtum". Das bringt Ihr Gegenüber nur gegen Sie auf, und die Fronten verhärten sich.	Nehmen Sie das Argument auf, und führen Sie es zum Vorteil oder Nutzen hin, z. B.: „Ja, ich kann Ihren Gedanken nachvollziehen, und deshalb haben wir uns Folgendes überlegt ..." (jetzt Vorteil bringen).
Einwand	**Ihre Reaktion**
„Ich habe meinen Verhandlungsspielraum bereits bis zum Äußersten ausgereizt. Ich kann Ihnen beim besten Willen nicht weiter entgegenkommen."	„Ich kann sehr gut verstehen, dass auch Sie – genau wie ich – Ihre Entscheidungen vor Ihrem Managment rechtfertigen müssen. Und deshalb bin ich auch überzeugt davon, dass Ihr Hotelmanagement sehr interessiert daran ist, eine Veranstaltung für Ihr Hotel zu gewinnen, die eine so große Medienwirksamkeit hat."

4. Bleiben Sie zielorientiert.

Wenn in Verhandlungen Argument auf Argument folgt, besteht leicht die Gefahr, dass sich die Verhandlungspartner in Details verlieren, die für den Kern der Verhandlung keine Relevanz haben. Wirken Sie dieser Tendenz entgegen, und führen Sie immer wieder zum roten Faden zurück, z. B.: *„Das ist richtig. Für unsere Zusammenarbeit sind zudem vor allem folgende Punkte wichtig ..."*

5. Setzen Sie Ihre Überzeugungskraft bewusst ein.

Neben Ihrem selbstbewussten Auftreten, das durch eine gute Vorbereitung gestützt wird, gibt es noch weitere Merkmale, die eine überzeugende Persönlichkeit auszeichnen:

Ihre Eigenschaft	Das sieht so aus
Zeigen Sie Ihrem Verhandlungspartner, dass Sie ihm aufmerksam zuhören.	Neigen Sie sich leicht nach vorne, halten Sie Blickkontakt, und widerholen Sie hin und wieder das Gesagte, um zu beweisen, dass Sie es verstanden haben.
Bleiben Sie authentisch.	Spielen Sie keine Rolle, das wirkt beim anderen nicht rund und damit nicht souverän. Wenn z. B. die Wut in Ihnen hochsteigt, spielen Sie nicht um jeden Preis die Ruhige, sondern sprechen Sie Ihre Gefühle aus. Das wirkt glaubwürdiger und überzeugender.
Reden Sie eher weniger als mehr.	Schweigepausen bringen den anderen zum Reden, und Sie gewinnen mehr Überblick und die Oberhand.

6. Setzen Sie Ihre Stimme gezielt ein.

Das heißt: Legen Sie Ihre ganze Überzeugung und Motivation in Ihre Stimme. Sprechen Sie nie monoton, sondern betonen Sie Ihre wichtigen Argumente besonders. Das gelingt oft am besten, wenn Sie die Höhepunkte Ihrer Argumentationskette besonders leise, fast im Flüsterton, sprechen.

7. Vermeiden Sie sprachliche Unsicherheiten.

Verbannen Sie bei wichtigen Geschäftsverhandlungen den weiblichen Konjunktiv konsequent aus Ihren Sätzen. Nach der Verhandlung halten Sie die Ergebnisse schriftlich fest, damit es später keine Missverständnisse gibt. Das versteht sich von selbst.

Beispiel:

> Listen Sie anhand einer Tagungsagenda alle von Ihnen erwarteten Dienstleistungen des Hotels vollständig auf bzw. lassen Sie diese Liste vom Bankettmanagement schreiben. Die Liste wird dann an den Vertrag angefügt oder integriert.

falsch	besser
Wörter wie „würde", „könnten", „dürften", „wäre", „müssten" usw. Der Konjunktiv signalisiert Ihrem Gegenüber Weichheit und Unsicherheit.	„Wir werden ...", „Wir müssen ...", „Ich kann ...", „Es ist ...". Damit signalisieren Sie Bestimmtheit und demonstrieren Ihrem Gegenüber Verhandlungsfestig

Wie Sie unfaire Verhandlungspartner in Schach halten

Natürlich gibt es auch Verhandlungspartner, die die harte Verhandlungsvariante bevorzugen und Ihnen nicht die Chance geben, eine sachbezogene Verhandlung zu führen. Ihnen geht es um Macht und ums Gewinnen, und nicht selten lassen sie dabei die Regeln der Fairness außer Acht – zum Beispiel, indem sie arrogant durchblicken lassen, dass sie nicht mit der Assistentin oder Sekretärin verhandeln wollen, sondern nur mit dem Chef selbst.

Lassen Sie sich durch solche unfairen Angriffe nicht aus der Fassung bringen. Wenn Ihr Verhandlungspartner erreicht, dass Sie sich auf einen Kampf einlassen, hat er schon gewonnen. Denn wenn Sie Ihren kühlen Kopf verlieren, wird Ihre Argumentationskette unscharf, und damit stehen Sie auf verlorenem Posten. Beweisen Sie Ruhe und reagieren Sie zum Beispiel so:

1. Bleiben Sie trotz allem freundlich.

Lassen Sie sich von den Angriffen nicht provozieren. Zeigen Sie Souveränität durch betonte Höflichkeit. Je aggressiver Ihr Gesprächspartner wird, desto ruhiger, freundlicher und sachlicher reagieren Sie selbst.

Ihr Vorteil: Wer freundlich auftritt, setzt sich eher gegen aggressive Verhandlungspartner durch. Die Erfahrung zeigt, dass Freundlichkeit aggressive Gesprächspartner verwirrt. Letztendlich sind sie dann in der Sache entgegenkommender, als sie ursprünglich beabsichtigt haben.

2. Überhören Sie Spitzen.

Solche Kleinigkeiten übergehen Sie einfach und verhandeln konzentriert weiter.

Ihr Vorteil:
1. Sie können Ihre Argumentation fortsetzen.
2. Sie meiden Nebenkriegsschauplätze.
3. Ihr Verhandlungspartner wird seine Manöver einstellen, weil er deren Unwirksamkeit erkennt.

3. Reagieren Sie mit einer Frage.

So bringen Sie Ihren Gegner aus dem Konzept. Vielen Angriffen können Sie ganz leicht mit einer anschließenden Frage den Wind aus den Segeln nehmen.

Verhandlungsgegner	Ihre Konterfrage
unfaire Behauptung: „Sie wollen den Preis doch nur drücken, weil über Ihrer Firma schon der Pleitegeier schwebt."	„Aus welcher Quelle stammt denn dieses Gerücht?"
emotionaler Angriff: „Jetzt ist aber Schluss: Mit Ihnen kommt man einfach zu keinem Ergebnis!"	„Ich bin sofort zu einem Abschluss bereit. Welchen Vorschlag, der auch für mein Unternehmen annehmbar ist, können Sie mir unterbreiten?"

Ihr Vorteil: Durch Ihre konkrete Nachfrage, die keine Gegenfrage ist, bringen Sie Ihren Partner in Zugzwang. Er muss entweder Beweise für unfaire Behauptungen bringen oder konstruktive Vorschläge machen, die die Verhandlung weiterbringen.

4. Angriffe, die unter die Gürtellinie gehen, weisen Sie konsequent zurück.

Denn Unverschämtheiten müssen Sie sich auf keinen Fall gefallen lassen. Zeigen Sie Ihrem unfairen Verhandlungspartner deshalb ganz deutlich Ihre Grenzen, wenn er über die Höflichkeitsgrenze hinausgeschossen ist.

Ihr Vorteil: Ihr Gegner weiß, dass er zu weit gegangen ist. Ihm ist klar, dass er sein Verhalten ändern muss, wenn er konstruktiv mit Ihnen weiterverhandeln will.

Gegner	Ihr Konter
„Sie haben doch von der ganzen Thematik gar keine Ahnung. Ich spreche ab jetzt nur noch mit Ihrem Chef persönlich."	„Sagen Sie mir doch bitte, was Sie zu dieser unsachlichen Aussage veranlasst."

Vermeiden Sie diese 12 Todsünden bei Ihren Verhandlungen

1. Zu leise reden.

2. Nur halb zuhören.

3. Dem Gegenüber nicht in die Augen schauen.

4. Den Gesprächsablauf nicht vorbereiten.

5. Verhandlungspartner vorher nicht genügend informieren.

6. Zu überheblich auftreten.

7. Dem Gegenüber zu viel Raum lassen.

8. Alle Argumente bereits zu Beginn preisgeben.

9. Einwände ignorieren.

10. Keinen Verhandlungsspielraum einplanen.

11. Absolutbotschaften und Killerphrasen aussprechen.

12. Die Fassung verlieren.

Sich ein Ziel zu setzen, ist oberstes Gebot jeder Verhandlung. Wenn Sie dieses Ziel jedoch stur verfolgen, müssen Sie damit rechnen, dass auch der Gesprächspartner auf stur schaltet. Überlegen Sie sich vorher, auf welche Kompromisse Sie sich einlassen können und wo Ihre Schmerzgrenze liegt.

Oft sind Verhandlungen uneffektiv, weil die einen Verhandlungspartner ständig sprechen, ohne nachzudenken, während andere Verhandlungspartner mit ihrer Meinung hinter dem Berg halten.

So gehen Sie mit den 9 häufigsten Verhandlungstypen um

1. Der Streitsüchtige: Er provoziert gern, redet dazwischen, macht pauschale Vorwürfe.

So gehen Sie mit ihm um: Bleiben Sie freundlich und bewahren Sie Ihre Selbstbeherrschung. Fordern Sie immer wieder Sachlichkeit ein. Hinterfragen Sie Pauschalvorwürfe. Kontern Sie unfaire Angriffe wie in diesem Kapitel beschrieben. Vertagen Sie die Verhandlung, wenn die Angriffe zu heftig werden.

2. Der Positive: Er ist interessiert und aktiv an der Verhandlung beteiligt. Er versucht, ausgleichend zu wirken.

So gehen Sie mit ihm um: Lassen Sie ihn häufig zu Wort kommen. Ermutigen Sie ihn, den ersten Verhandlungsvorschlag machen. In der Regel ist der Positive immer an einem sachbezogenen Gespräch und an einem für beide Seiten zufrieden stellenden Verhandlungsergebnis interessiert.

3. Der Alleswisser: Er lässt nur seine Meinung gelten, unterbricht Sie immer wieder und versucht, die Verhandlungsführung an sich zu reißen.

So gehen Sie mit ihm um: Unterbrechen Sie ihn freundlich und konsequent. Weisen Sie ihn darauf hin, dass auch Sie ihn ausreden lassen. Bleiben Sie ruhig, und widerlegen Sie seine Rechthabereien sachlich und fundiert.

4. Der Redselige: Er bringt keine fundierten Argumente, verwässert aber die Verhandlung, weil er immer wieder von einem Punkt zum anderen springt. Er hat nicht viel zu sagen, spricht aber viel und fällt Ihnen ins Wort.

So gehen Sie mit ihm um: Unterbrechen Sie ihn taktvoll, aber bestimmt. Führen Sie ihn durch Sachfragen immer wieder zum Thema zurück.

5. Der Schweigsame: Er ist aufmerksam, lässt aber vorwiegend Sie reden.

So gehen Sie mit ihm um: Vorsicht, das kann Taktik sein! Womöglich wartet er nur auf eine unbedachte Äußerung von Ihnen, um Sie festzunageln. Fordern Sie ihn deshalb immer wieder auf, seinen Standpunkt einzubringen. Schweigen Sie nach Ihrer Aufforderung ebenfalls, bis er Ihrem Wunsch nachkommt.

6. Der Nervöse: Er ist gehemmt und leicht zu irritieren.

So gehen Sie mit ihm um: Übernehmen Sie souverän die Verhandlungsführung, und gewinnen Sie sein Vertrauen, indem Sie betonen, dass Sie an einer für beide Seiten Gewinn bringenden Lösung interessiert sind.

7. Der Ablehnende: Er sieht überall Schwierigkeiten, ist überkritisch und destruktiv.

So gehen Sie mit ihm um: Lassen Sie ihn seine Ablehnung fundiert begründen, und bitten Sie ihn dann, Ihnen Alternativen zu nennen.

8. Der Dickfellige: Er gibt sich bequem und träge, ist langsam im Denken und schwer zu überzeugen.

So gehen Sie mit ihm um: Fordern Sie ihn immer wieder zu konkreten Stellungnahmen auf. Fassen Sie bei jedem Verhandlungsschritt das Zwischenergebnis zusammen. Am besten notieren Sie jeden Zwischenschritt schriftlich, bis Sie ein Ergebnis erreicht haben.

9. Der Listige: Er stellt gezielt provokante Fragen, um seine Position durchzusetzen. Eventuell hat er sogar Vorabsprachen mit anderen getroffen.

So gehen Sie mit ihm um: Machen Sie keine vorschnellen Zugeständnisse. Wenn Sie spüren, dass er etwas in der Hinterhand hat und Sie sich auf unsicherem Terrain bewegen, dann vertagen Sie die Verhandlung am besten unter einem Vorwand, z. B., dass Sie noch konkrete Informationen einholen wollen.